30전에
나를 바꾸고
30부터
세상을 바꿔라

서른 살, 인생 2막을 위한 성공 습관

30전에 나를 바꾸고 30부터 세상을 바꿔라

수이메이우위 지음
이지희 옮김

이터

| 서 | 문 |

서른 살, 내 인생의
또 다른 출발점

● 　　서른 살, 그해 겨울을 아직도 잊을 수 없다. 3년간 해온 외국계 기업 컨설팅 업무에는 권태감이 밀려왔고, 1년에 11개월씩 가야 하는 출장은 이제 정말 지긋지긋했다. 가족에 대한 그리움과 아직 솔로라는 불안감, 미래에 대한 막막함 앞에서는 고액의 연봉과 높은 업무 성과도 소용없었다.

　그해 겨울, 외할머니가 세상을 떠나셨다. 하지만 나는 광저우 출장으로 그 곁을 지켜드리지 못했다. 함박눈이 펑펑 쏟아지던 그 겨울, 나는 깊고 무거운 우울감에서 헤어나지 못했다. 그렇게 중요한 순간을 가족과 함께하지 못할 때마다 좌절감에 사로잡혔다. 매일같이 홀로 보내는 일상이 정말 몸서리치게 싫었다. 가장 참을 수 없는 건, 내 운명과 삶을 선택할 자유가 내게 없다는 사실이었다.

나는 용기를 내 이 모든 걸 바꿔보기로 결심했다. 먼저 컨설턴트 일을 그만두고 지인과 단둘이서 NGO 단체를 설립했다. 월급은 3분의 1로 줄었는데 업무 시간은 크게 줄어들지 않았다. 내가 하고 싶었던 일을 선택했지만 다시 밑바닥부터 시작해야 했고, 미래는 장담할 수 없었다. 이에 재테크를 체계적으로 공부하기 시작했고, 월급에 구속받지 않는 경제적으로 자유롭고 풍요로운 삶을 꿈꾸었다. 그해 투자 포럼을 통해 멀리 영국에서 일하고 있던 남편을 알게 되었다. 그리고 1년 뒤 그와 결혼하는 데 성공했다.

나는 지금 서른 살의 그 겨울에 감사한다. 만일 그 절망의 겨울이 없었다면 사직서를 낼 용기를 내지도, 좋아하는 일을 찾아나서지도 못했을 것이다. 그 절망의 겨울이 없었다면 사랑하는 이와 한가롭게 거리를 거닐 시간도, 추운 밤 서로를 보듬어 안아줄 기회도 없었을 것이다. 그 절망의 겨울이 없었다면 그렇게 많은 시간을 부모님, 친구들과 함께 보내지도 못했을 것이다. 그 절망의 겨울이 없었다면 내가 진정으로 원하는 삶을 찾지 못했을 것이다.

서른 살 이후로 점점 꿈에 가까워졌고, 마흔 살이 넘은 지금은 내가 열렬히 사랑하는 일을 하고 있다. 또 사랑하는 사람들과 많은 시간을 함께 보내고 있고 생명의 반쪽을 찾았으며, 그 존재로 인해 삶의 어떤 고난도 마주할 용기를 갖게 되었다. 그 사람과 함께 회사를 창립했고, 우리와 힘껏 달려줄 믿음직스러운 동료들도 얻었다. 세 아이의 부모가 되면서 인생의 새로운 단계에 진입했고, 달콤한 부담감이 나를 끊임없이 전진하게 만들고 있다. 나는 경제적 자유의 길로 하루하루 나아가고 있으며, 더 이상 월급의 많고 적음에 일희일비하지 않게 되었다.

이 책은 꿈에 대한 이야기로 시작한다. 사람들은 누구나 꿈을 갖고 있다. 단지 냉혹한 현실에 맞서느라 꿈을 잊은 척하며 살아갈 뿐이다. 하지만 꿈이 없다면 미래가 우리를 부를 때 변화를 시도해볼 용기조차 내지 못할지도 모른다. 이미 꿈을 찾았다면 그걸 나침반 삼아 더 나은 나로 변해가야 한다. 꿈을 향해 나아가려면 내 안의 긍정 에너지도 모아야 한다.

과거 내가 그랬듯 누구나 절망감과 무력감, 불안감과 막막함 속에 고통스러운 나날을 보낼 수 있다. 동시에 내가 그랬듯 누구나 그 절망감을 헤치고 나와 용감하고 당당하게 자신을 변화시킬 수 있다. 그 과정에서 우리는 꿈의 실현을 가로막는 작은 '방해꾼'들과 어쩔 수 없이 마주친다. 미루는 습관, 주의력 분산, 3분의 열정 같은 방해꾼들은 정보화 시대를 사는 현대인이라면 누구나 만나게 된다. 이들을 물리치기 위해서는 의욕만으로는 부족하다. 적절한 기술과 방법을 습득할 필요가 있다. 이 책은 그 방해꾼들을 무찌를 무기를 갖추는 데 도움을 줄 것이다.

스스로 자기 삶의 설계자가 되어야 한다. 커리어도, 독서도, 심지어 사랑도 설계가 필요하다. 제대로 설계해야만 올바른 길로 들어설 수 있다. 꿈을 실현해나가는 데 있어 가장 기초가 되는 것은 역시 경제적 자유다. 여기서 말하는 경제적 자유란 하고 싶은 일을 할 시간이 충분하며 야근할 필요도, 사장의 눈치를 볼 필요도 없는 삶을 의미한다. 이에 이 책에서는 투자와 재테크의 기본 개념과 기술에 대해 알아봄으로써 당신의 변화를 돕고자 한다.

누구나 미래에 대한 막막함에 방황할 때가 있다. 그 시기가 누군가에게는 스무 살이고, 마흔 살이었다면 나에게는 서른 살이 그랬다. 그럴 때 자신만의 안전지대로 움츠러들거나 그 상황에서 도망쳐버리는 이들도 있다. 하지만 나는 한발 내딛는 길을 선택했다. 이 모든 위험을 감수할 만큼 충분한 가치가 있는 행복을 찾고자 했다.

나는 서른 살 전까지 꿈을 나침반 삼아 내 안의 긍정 에너지를 모으고, 방해꾼들을 물리치며 나아갔다. 커리어와 독서, 사랑을 설계하고 경제적 자유의 길로 들어섰다. 그렇다면 이미 충분한 힘을 지니게 되었기에 이제는 세상을 바꾸는 일에 도전하기로 했다.

다시 그해 겨울로 돌아가본다. 타지에서 홀로 지내며 유난히 추웠던 그 겨울, 가족도 친구도 연인도 곁에 없었던 그 겨울, 통장 잔고는 바닥이 나고 야근은 계속 이어지고 위장병이 시작되었던 그 겨울, 일은 지긋지긋하고 미래는 불확실하며 나에 대한 믿음조차 완전히 상실했던 그 겨울. 내가 그 겨울에 용기를 내 변화를 선택했던 것처럼 지금 이 책을 손에 든 당신도 결심하길 바란다. 바로 지금부터 나를 바꾸고, 내가 원하는 삶을 살겠다고!

이 책이 당신의 삶에 변화를 일으키길 간절히 소망한다. 인생에서 진정으로 소중한 것이 무엇인지, 있는 힘껏 노력해서 쟁취해야 할 것이 무엇인지 알아가는 데 도움이 되길, 인생의 또 다른 출발점이 되길 바란다.

수이메이우위

: 서른 살, 내 인생의 또 다른 출발점

| 차 | 례 |

1
장

30 전 꿈이
30 후 인생을
바꾼다

당신이 오늘 여행을 떠난다면 걸어서 갈 것인가, 아니면 자동차 또는 비행기를 타고 갈 것인가? 준비물로는 겨울용 오리털 패딩을 챙길 것인가, 여름용 숏팬츠를 챙길 것인가? 선글라스와 등산 스틱도 가져갈 생각인가? 이런 질문을 한다면 당연히 다음과 같은 답이 돌아올 것이다.

"그거야 어디를 가느냐에 달려 있지요."

정답이다. 저 멀리 아프리카로 떠난다면 비행기만이 유일한 선택지다. 하지만 가까운 교외로 나들이를 나간다면 버스나 지하철로도 충분하다. 만약 에베레스트산을 등반하는데 숏팬츠를 입고 간다면 아마 영원히 돌아오지 못할지도 모른다.

꿈이란 이렇듯 당신이 가고자 하는 목적지와 같다. 그곳은 아득히 먼 곳일 수도 있고, 손만 뻗으면 닿을 듯 가까운 곳일 수도 있다. 먼저 그곳이 어디인지를 알아야 어떤 길을 선택할지, 어떤 준비물을 챙겨야 할지 명확해진다.

만일 꿈이 있어 어디로 가야 할지 알고 그곳으로 향하는 여정에 나섰다면 내가 진정으로 원하는 삶이 무엇인지도 분명히 알 것이다. 그렇다면 에너지를 집중시키고 갖가지 어려움에 맞서면서 올바른 선택을 해야만 한다.

당신의 꿈은 무엇인가?

억대 연봉의
원더풀 라이프

이런 상상을 한번 해보자. 당신이 매달 월급으로 1억을 받고 있다. 즉, 연봉이 12억에 이른다. 매달 이 돈이 당신 계좌로 자동 입금되며, 출근해서 일할 필요도 없고 하루 24시간이 자유 시간으로 주어진다면?

꿈은 크게 갖자는 주의인 나는 어린 시절 '우주 대통령'을 꿈꾸었다. 아마 연봉 12억을 받는다 해도 이 꿈은 실현하기 어려울 것이다. 그렇다면 조금만 더 현실적으로 생각해보자. 연봉 12억의 꿈을 이룬 다음에 우주 대통령을 고려해도 늦지 않다.

연봉 12억의 삶은 얼마나 환상적일까? 공부할 필요도, 일할 필요도 없다. 상사의 일장 연설도, 맘에 안 드는 동료와의 불편한 동거도 이제 끝이다. 들기 싫은 부모님의 잔소리에서도 완전히 해방이다. 한마디로 내가 살고 싶은 대로 살 수 있다.

이른 새벽, 그리스 산토리니로 출발한다. 저 멀리 눈부시게 새하얀 건물과 새파란 에게해가 펼쳐져 있다. 요트에 올라 아름다운 풍경을 마주하고 앉아 싱그러운 올리브유에 빵을 살짝 찍어 먹는다. 적당히 노릇하게 구워진 양 다리에 레몬즙도 뿌려 먹는다. 만찬이 끝나자 디저트로 달콤한 그리스의 전통 과자 멜로마카로나가 나온다.

세계 일주를 하고 싶은 미식가의 꿈이다.

산속 깊숙이 들어간다. 눈길이 닿는 곳마다 온통 푸르른 숲이 펼쳐진다. 컴퓨터도, 인터넷도 없지만 아이들의 순진무구한 얼굴과 낭랑한 책 읽는 소리가 가득하다. 부모들은 산에서 나는 온갖 먹을거리를 살며시 내 방에 가져다 놓고, 문틈에는 "선생님, 사랑해요"라고 적힌 손 편지가 끼워져 있다.

공익 사업에 평생을 바친 이상주의자의 꿈이다.

책장이 천장까지 빼곡히 들어찬 서재로 햇살이 가득 비친다. 책과 커피, 거문고, 바둑판, 붓과 먹, 벼루, 물론 컴퓨터와 아이패드도 갖춰져 있다. 고대 학풍과 현대 정보화의 완벽한 결합이다. 일곱 가지 언어에 대해 깊이 연구하면서 각종 문예활동에도 정통하다.

문학과 예술을 사랑하는 청년의 꿈이다.

화려한 도시의 중심가가 바로 내려다보이는 넓고 쾌적한 사무실. 가파른 상승세를 보이는 업무 실적표상의 수익 곡선, 밤을 꼬박 새워 충혈된 눈동자, 누구보다 열정적인 동료들, 투자자들의 쏟아지는 호평과 찬사.

어느 창업가의 꿈이다.

사람들의 꿈은 이렇게도 많고 다양하다. 인터넷에서 각종 꿈을 검색해 아래에 나열해보았다. 정말 기발하고 각양각색이지만 모두 귀엽고 사랑스러운 꿈이다.

- 지금 당장 세계 일주 여행 떠나기

- 부모님에게 멋진 전원주택 선물하기

- 아름답고 행복한 가정 꾸리기

- 예술문화산업 지원하기

- 다양한 외국어 마스터하기

- 나만의 회계사 사무실(법률 사무소, 컨설팅 회사) 열기

- 배움의 기회를 잃어버린 아이들 돕기

- 무료로 건축 설계 해주기

- 무조건 많이 배워 다재다능해지기

- 창업 플랫폼 설립하기

꿈을 꾸는 데 있어서 지금 나의 연봉이 얼마인지는 전혀 중요하지 않다. 돈과 시간의 제약에서 벗어나 나만의 진짜 꿈을 마음껏 상상해보자.

나의 진짜 꿈을
찾는 것이 먼저다

'억대 연봉의 원더풀 라이프'는 내가 주니어 어치브먼트(Junior Achievement; JA, 전 세계 123개국에서 청소년들에게 무료로 경제교육을 해주는 단체) 자원봉사자로 활동하던 시절, 한 대학에서 '커리어 설계'라는 과목을 가르칠 때 실제로 학생들과 했던 게임이다. 돈과 시간에 제한을 두지 않고 정말로 나에게 만족감을 주고 나의 가치를 실현할 수 있는 일이 무엇인지 맘껏 상상해보도록 하는 것이 이 게임의 목적이다.

다음은 강의 시간에 나온 학생들의 대답이다.

학생 1

– 전원주택을 구입해 부모님에게 선물하기

  – 배우자와 함께 세계 일주 여행 떠나기(처음에는 '친구'라고 썼다가 '배우자'라고 고침)

  – 친구들과 마음껏 어울려 놀기

이 학생의 꿈을 한마디로 요약하면 '돈'이다. 돈만 있으면 모두 해결되는 꿈이다. 만약 정말로 추구하는 게 돈이라면 자신의 목표와 상관없이 수입이 높은 직업을 선택하면 된다. 외향적이고 적극적인 성격이라면 세일즈 방면의 일이 적합할 것이다.

좀 더 자세히 들여다보면 이 학생이 돈을 벌고 싶어 하는 이유를 발견할 수 있다. 부모, 배우자, 친구 등 주변 사람들에게 좋은 모습을 보이기 위해서다. 바꿔 말하면 이 학생이 바라는 건 '타인이 인정하는 성취감'이다. 그리고 이 같은 성취감을 돈으로 얻을 수 있다고 생각한다. 진짜 그런지는 검증이 필요한 문제지만 최소한 이 학생의 목표는 매우 분명하다.

학생 2

  – 예술문화산업 발전에 도움 되기

이 학생은 여섯 살 때부터 그림을 배우기 시작해 지금도 그리기를 무척 좋아한다고 수줍게 이야기했다. 그런데 고등학생 때 부모님이 그림 그리는 사람들은 행실도 단정치 못하고 밥벌이도 어렵다며 반대해서 대신 컴퓨터 공학과를 선택했다고 말했다. 예술가가 되고 싶은지, 아니면 예술 매니지먼트트 같은 일을 하고 싶은지 물었다.

이 학생은 후자라고 답하면서, 예술적 재능을 타고났지만 기회를 얻지 못한 많은 이들이 꿈을 실현하도록 돕고 싶다고 덧붙였다. 또한 돈과 시간이 충분하다면 전시회를 기획해 예술가들의 해외 진출을 적극적으로 지원하고 싶다는 포부도 밝혔다.

알다시피 이 같은 꿈은 돈으로 해결할 수 없다. 하지만 목표가 매우 분명하다는 장점이 있으며, 사실 돈이 그다지 많이 필요하지도 않다. 나는 이 학생에게 이렇게 답해주었다.

"만약 그것이 진짜 꿈이라면 실현 방법은 간단합니다. 인터넷에서 예술 관련 업종의 회사를 검색해 전화를 걸거나 혹은 직접 찾아가서 이렇게 말하는 겁니다.

'저는 이 일을 꼭 해보고 싶습니다. 월급도 필요 없으니 잔심부름만이라도 하게 해주십시오.'

그리고 매주 한 번씩 한 달간 열심히 나가는 겁니다. 어느 회사가 어렸을 때부터 꿈이라고 하면서 매주 성실하게 출근하고 월급도 안 받겠다는 인턴을 마다하겠습니까? 그렇게 인턴이 된 후에 조금씩 그 일을 맛보면서 업계로 진입하는 겁니다. 만일 회사에서 특정 자격증 같은 전문적인 능력을 요구한다면 1년만 시간을 달라고 말하세요. 그리고 1년 뒤에 자격증을 따서 다시 가는 겁니다. 분명 두 팔 벌려 당신을 환영할 겁니다."

이 학생은 새내기 대학생이었는데 진짜 꿈이 확실하고 노력할 준비만 되

어 있다면 이루기 어렵지 않다고 본다.

학생 3

– 오케스트라 관련 일 하기

– 정부를 도와 세상 변화시키기

– 큰 집과 큰 서재

우선 큰 집 마련에는 돈이 많이 들기 때문에 어느 정도 경제적 기초가 필요하다. 이 학생의 두 번째 꿈은 정부를 도와 세상을 바꾸는 일이다. 내가 수업 시간에 이 꿈을 읽자 다들 웃음을 터뜨렸다. 하지만 나는 이 학생의 꿈이 불합리한 사회 현상을 개선해 보다 나은 사회로 변화시키는 데 힘을 보태는 것이라고 생각해 웃지 않았다.

첫 번째 꿈과 두 번째 꿈은 서로 충돌할 여지가 있다. 물론 오케스트라와 관련된 일이 사회 변화를 가져올 가능성도 아주 없지는 않지만 이 학생의 꿈은 '사회 개혁가' 쪽으로 훨씬 더 기울어져 있는 듯하다. 만약 그렇다면 '문화계의 오피니언 리더'나 'NGO 대표' 또는 '정부 관료' 등의 일이 적합하다.

한 사람이 사용할 수 있는 시간과 에너지에는 한계가 있다. 따라서 자신의 능력과 흥미를 고려하여 여러 개의 꿈 가운데 하나를 선택하길 권한다.

학생 4

- **공익 활동**

- **문학과 철학 분야 책 많이 읽기**

- **여행**

이런 꿈은 돈과는 큰 연관성이 없다. 두 번째와 세 번째 꿈은 오히려 돈보다 시간이 더 필요하다. 이런 경우에는 첫 번째 학생처럼 돈은 많지만 여유 시간은 없는 일을 선택해서는 안 된다. 첫 번째 꿈과 관련해서 이 학생은 공익 활동 가운데서도 물 절약 기술을 이용한 공익 활동을 해보고 싶다고 밝혔다. 유망 산업으로 괜찮은 선택이다. 알고 보니 이 학생은 환경 공학도로 관련된 신기술 홍보에 참여한 경험도 있었다. 하지만 빈곤지역을 찾아가 물 절약을 어떻게 해야 하는지 말로 설명한 게 전부라고 했다. 그러면서 자신은 이미 훌륭한 기술을 갖추고 있다고 강조했다. 이에 나는 다음과 같이 말해주었다.

"먼저 지금 하는 공부와 연구에 최선을 다하세요. 그다음 관련된 일이나 그 분야에 종사하는 사람들과 많이 접촉하는 겁니다. 그런 후에 내가 돈을 벌고 싶은 건지, 아니면 사회에 공헌하고 싶은 건지 다시 고민해보세요. 학생의 꿈을 실현하는 방법으로 회사 창업도 있지만 NGO 단체를 설립할 수도 있거든요. 둘 다 생계유지에는 큰 지장이 없습니다."

지금까지 몇 가지 예를 살펴보았다. 이제 다시 당신의 꿈 리스트로 돌아가 한 번 더 찬찬히 들여다보길 바란다. 그러면 내가 진정으로 원하는 것이 무엇인지 보일 것이다. 이처럼 꿈은 항상 나의 가치관과 연관되어 있다. 내가 믿고 중요하게 여기는 그것을 결국 만나게 된다.

내가 믿는 대로
꿈이 펼쳐진다

●

일본의 예술가 쿠사마 야요이는 끊임없이 반복되는 물방울무늬로 세상을 표현하는 작가로 유명하다. 쿠사마가 그린 호박, 하이힐, 심지어 일본의 후지산도 모두 물방울로 이루어져 있다. 그는 이런 말을 했다.

"지구 또한 백만 개의 물방울 가운데 하나에 불과하다."

처음 쿠사마를 만난 사람은 그의 천재적 상상력에 압도당한다. 그런데 사실 이 예술가는 망막에 선천적 장애를 지니고 있다. 즉, 망막에 물방울무늬가 가득 보이는 환각 증세를 가지고 있다. 그 결과 쿠사마가 보는 세상은 수많은 물방울로 덮여 있다. 마치 물방울무늬가 가득한 유리창 너머로 세상을 바라보는 것과 마찬가지다. 다시 말해 쿠사마가 단순히 상상만으로 자신의 예술 세계를 창조한 게 아니라 정말로 세상을 그렇게 보고 있는 것이다. 여기에 예술적 과장과 변형을 더해 자신만의 독특한 예술 세계를 구축했다.

또 한 명의 유명인사로 호주인 닉 부이치치가 있다. 닉은 팔과 다리가 없는 채로 태어났음에도 승마, 서핑, 드럼, 축구 등을 즐긴다. 사지가 온전한 일반인들도 하기 어려운 운동을 능숙하게 해낸다.

누구보다 대단한 사람은 바로 닉의 아버지다. 그는 닉이 선천적 장애를 극복할 수 있다고 굳게 믿었다. 닉이 18개월 되었을 때 아버지는 그를 물속에 넣고 수영을 가르쳤다. 네 살 때에는 엉덩이 아래 두 개밖에 없는 기형적 발가락으로 타자 연습을 시켰다. 그 결과 스물한 살 때 닉은 회계와 재무 설계 학위 두 개를 취득했다.

만일 닉의 아버지가 이렇게 믿었다면 어떤 일이 벌어졌을까?

'내 아들은 장애인이다. 스스로를 돌볼 수 없고 어떤 기술도 배울 수 없다. 평생 정부지원금에만 의지해 살아야 한다.'

닉의 아버지는 매일 밤을 눈물로 지새우며 여기저기서 간호사를 구해 닉을 돌보게 하고, 정부에 생계보호수당을 신청했을 것이다. 그러다 결국 자신이 믿은 그대로 살아가게 되었을 수도 있다. 하지만 닉의 아버지는 다르게 믿었다.

'내 아들은 어떤 운동이든 해낼 수 있다. 내 아들은 지극히 정상이다.'

그 결과 그가 굳게 믿는 대로 아들은 살아가게 되었다.

만약 이 세상 사람들 모두를 '외모 지상주의자'라고 믿는다면 허리둘레가 21인치만 넘어도 몹시 괴로울 것이다. 재능은 타고나야 한다고 믿는다면 무언가에 1만 시간을 투자하며 노력을 기울이지 않을 것이다. '금수저'를 물고 태어나야 성공할 수 있다고 믿는다면 평생 루저의 삶을 살게 될 것이다.

결국 당신이 믿는 대로 살아가게 된다! 꿈은 이룰 수 있다고 믿을 때 비로소 당신 곁으로 찾아온다. 꿈은 묘한 존재라 밥처럼 먹을 수도, 집처럼 머물 수도 없지만 단지 지니고 있는 것만으로도 활력이 넘치고 자신감이 솟으며, 태양은 유난히 밝고 꽃은 그 어느 때보다 향기롭게 느껴진다. 내가 믿는 대로 앞으로 나의 꿈이 펼쳐질 것이다.

별을 따고자 하는 사람이 달에 간다

생각만 해도 행복해지는 걸 보면 꿈은 참 신기한 존재다. 그런 반면 우리가 처한 현실은 냉혹하기만 하다. 월급 1억 원은커녕 연봉 1억 원도 쉽지 않은 게 현실이다. 그렇기에 앞서 밝힌 대학생들의 꿈이 다소 유치하고 가소롭게 느껴질 수도 있다.

'세상을 바꾼다고? 공익 사업을 펼친다고? 예술문화사업을 이끌고 싶다고? 꿈이 너무 큰 거 아니야?'

당신은 오늘 하루 종일 이런 생각을 했는데 말이다.

'내년에는 월급이 오를까? 내후년에는 승진할 수 있겠지? 그 다음 해에는 어떻게든 결혼해야 할 텐데.'

이런 것이 바로 '현실'이고 '성숙함'이며, 꿈이란 본래 실현 불가능하다고 말할지도 모른다.

파울로 코엘료의 《연금술사》를 보면 양치기 소년이 꿈을 찾아 이집트로 향하는 이야기가 나온다. 이집트로 가는 도중 소년은 우연히 크리스털 가게 주인을 만난다. 주인은 자신의 꿈이 메카로 성지순례를 떠나는 것이라고 말한다. 그런데 왜 꿈을 이루러 떠나지 않는지 소년이 묻자 주인은 이렇게 대답한다.

"젊었을 적 메카로 성지순례를 떠나기 위해 돈을 좀 모아야겠다는 생각에 이 크리스털 가게를 열었네. 일단 부자가 된 후에 메카로 떠날 생각이었거든. 그런데 돈을 충분히 벌고 나서도 여기를 떠날 수 없었어. 가게를 도저히 다른 이에게 맡길 수가 없었기 때문이네. 그러다 보니 메카로 성지순례를 가는 건 영원히 이룰 수 없는 꿈이 되고 말았지."

많은 이들이 크리스털 가게 주인처럼 세월의 흐름 속에 처음 품었던 꿈을 점점 잃어간다. 젊은 시절에는 누구나 꿈이 있지만 늘 이런저런 핑계를 대곤 한다. 돈을 조금 더 모은 후에, 일이 조금 더 안정된 후에, 월급이 조금 더 오른 후에, 여유 시간이 조금 더 생긴 후에……. 하지만 그렇게 하루가 가고 해가 바뀌다 보면 현실은 점점 우리를 삼키고 꿈은 사라져버린다.

양치기 소년은 꿈을 위해 용기를 냈다. 키우던 양 떼를 모두 팔아버리고 여비를 모은 후에 꿈을 찾아가는 여정을 시작했다. 반면 우리의 꿈은 늘 상상에만 그치지 않는가?

성공한 사람들은 대부분 이상주의자라는 이야기에 깊은 인상을 받은 적이 있다. 이상이 너무 높아 도저히 도달할 수 없을 정도라고 한다. 목표를 높게 가지면 중간 정도의 결과는 얻을 수 있다는 말이 있다. 원대한 꿈을 지니면 어느 정도 괜찮은 수준에라도 도달하게 된다. 반면 중간을 목표로 하면 낮은 결과밖에 얻어지지 않는다. 원하는 바가 단순히 의식주 해결, 월급 인상, 승진뿐이라면 이것조차 얻지 못할 수 있다.

별이 총총한 시골의 밤하늘을 바라보며 두 사내아이가 누워 있었다. 그중 한 아이가 말했다.

"별이 정말 아름다워. 한 번이라도 좋으니 가까이 가서 봤으면 소원이 없겠어."

그러자 다른 아이가 쏘아붙였다.

"그런 말도 안 되는 비현실적인 꿈은 꾸지도 마. 돈 좀 많이 벌어서 근처 도시로 구경이나 갔으면 좋겠다."

둘 중 한 명이 우주 비행사가 되어 달에 올랐다면 그 사람이 누구라고 생각하는가? 미국 광고업계의 선구자 레오 버넷은 이런 말을 했다.

"하늘의 별을 따기 위해 팔을 뻗어라! 그러면 한 개도 잡을 수 없을지 모르지만 결코 흙먼지를 손에 움켜쥐는 일은 없을 것이다."

별을 가까이서 보기를 꿈꾸는 사람만이 달에 갈 수 있는 법이다.

2장

긍정의
에너지로 나를
채워라

두 그루의 사과나무가 있었다. 이 사과나무들은 오랜 기간 모진 비바람과 뜨겁게 내리 쬐는 햇볕을 견디고 각종 벌레들의 공격을 이겨내며 드디어 어른 나무로 성장했다. 그리고 각각 열 개의 사과를 열매로 맺었다. 그런데 주인이 그중 아홉 개씩 가져가버리자 각각 사과가 한 개씩밖에 남지 않게 되었다. 이에 분개한 한 그루의 사과나무는 스스로 발육을 중단해버렸다. 다음 해에 이 나무에는 다섯 개의 열매만 열렸고, 그중 주인이 네 개를 따가자 한 개가 남았다. 그러자 이 나무는 만족스러운 표정을 지으며 이렇게 말했다.

"하하, 작년에는 10퍼센트밖에 안 남았는데 올해는 20퍼센트가 남았어! 딱 두 배야!"

한편 나머지 한 그루의 나무는 그와 다른 선택을 했다. 뿌리를 더욱 땅속 깊이 내리고, 더 많은 햇빛과 영양분을 흡수했다. 그러자 다음 해에 100개의 열매가 열렸고 그중 주인이 95개를 가져가자 나무에는 다섯 개가 남았다. 비율상으로는 5퍼센트지만 실제로는 다섯 개의 사과가 나무에 남은 셈이다.

다시 그 다음 해가 되었을 때 첫 번째 사과나무에는 단 한 개의 사과만 열렸다. 주인은 하나도 따가지 않았고, 이 나무는 결국 100퍼센트를 남길 수 있었다. 반면 두 번째 나무에는 무려 1천 개의 사과가 열렸고, 주인이 그중 95퍼센트를 따갔지만 50개나 되는 사과가 나무에 그대로 달려 있었다.

30 전후,
선택의 기로에 서다

●

● 　우리는 성장의 길목에서 두 그루의 사과나무처럼 선택의 순간에 수없이 직면하게 된다. 이때 그만 포기할 수도 있고, 아니면 끊임없이 성장하는 길을 선택할 수도 있다. 하지만 마침내 하늘을 찌를 듯 커다란 나무로 성장하는 순간, 당신의 성장을 가로막던 힘들은 무시해도 될 만큼 쇠약해질 것이다.

미래는 아름답고, 현재는 중요하다. 꿈을 이루기 위해 가장 중요한 일은 지금 현재 잘 살아가는 것이다. 성인이 된 우리는 현실이 동화 속처럼 장밋빛으로 가득하지 않으며, 한없이 냉혹하고 비정하다는 사실을 이미 잘 알고 있다.

서른을 앞두고 인생의 갈림길에 섰을 때 우리는 어떤 선택을 해야 할까?

고난과 좌절에 맞닥뜨렸을 때 과연 침착하게 대응할 수 있을까? 선택은 누구에게나 막막하고 괴로운 일이다. 400년 전 셰익스피어 역시 햄릿의 목소리를 빌려 이렇게 탄식했다.

"죽느냐 사느냐, 그것이 문제로다. 가혹한 운명의 화살을 맞고 고통을 참아내는 것이 더 고귀한 것인가, 아니면 끝없이 밀려드는 고난의 바다에 맞서 싸워 이기는 것이 더 고귀한 것인가."

과연 둘 중 어느 것이 더 고귀한 것일까? 과거 햄릿의 고민은 지금 우리의 고민이기도 하다. 누구나 선택의 갈림길에 서게 된다. 그리고 결정을 내리는 일은 언제나 힘들고 어렵다. 과연 어떻게 해야 지혜로운 선택을 할 수 있을까?

○
더 좋은 길이란 없다

최근 다음과 같이 대답하기 곤란한 질문을 자주 받는다.

"먼저 다른 일부터 해보다가 창업하는 게 좋을까요, 아니면 대학 졸업 후 바로 창업하는 게 좋을까요?"

"직업을 바꾸고 싶은데 일단 사직서를 내야 할까요, 아니면 좀 더 시간을 두고 생각해봐야 할까요?"

"어떤 분야의 일을 해야 NGO 단체에 들어가는 데 도움이 될까요?"

"고액의 연봉을 받고 싶은데 한 회사에서 오래 근무하는 게 좋을까요, 아니면 회사를 자주 옮기는 편이 더 유리할까요?"

이런 질문에 아무런 대답도 할 수 없는 이유는, 이들이 하나같이 'A를 하는 게 B를 하는 것보다 더 쉽게 목표에 도달할 수 있다'는 가설을 전제로 하고 있기 때문이다. 다시 말해 성공에 이르는 지름길이 있다고 믿으면서 하는 질문들이다. 예를 들어 다른 일을 하다 창업해야 할지, 대학 졸업과 동시에 창업해야 할지 질문한 사람은 이미 더 쉽게 창업에 성공하는 길이 있다고 믿고 있다. 단지 그 길을 자신이 모르는 게 문제라고 생각한다. 그렇기에 누군가 그 지름길을 알려주기만 하면 남들보다 더 빨리 원하는 목표에 도달할 수 있다고 확신하는 것이다.

회사에 일명 'Z세대' 직원이 한 명 있는데 공부를 무척 좋아한다. 그는 책을 더 많이 읽고 싶은 마음에 나에게 어떤 책을 먼저 읽어야 하는지 자주 묻곤 했다. 나는 그 친구에게 '어떤 책을 읽느냐'보다 중요한 건 일단 '읽는 것'이라고 조언해주었다. 물론 책 가운데에는 분명 좋은 책과 그렇지 않은 책이 있으며, 굳이 애써서 읽을 필요 없는 책들도 수두룩하다. 다만 좋은 책을 선별하는 방법은 많은 책을 읽어본 후에야 비로소 경험을 통해 터득하게 되는 것이다. 물론 '유명인의 추천 도서'가 도움이 될 수도 있다. 하지만 그 책을 다 읽은 후에는 어떻게 할 것인가? 게다가 사람마다 처한 상황과 가지고 있는 배경이 다르기에 남이 추천하는 책을 무작정 따라 읽는 것은 옳지 않다.

어떤 책이 나에게 적합한지 아는 길은 하나뿐이다. 일단 '행동'에 옮기는 것이다. 먼저 한 권을 읽고 다시 두 번째 책을 읽는다. 그리고 둘을 비교하면 어느 책이 더 좋은지 바로 알 수 있다. 이렇게 많이 읽다 보면 자연스레 책을 고르는 안목이 생긴다.

행동을 강조하긴 했지만 이에 못지않게 생각하는 일도 중요하다. "배우기만 하고 생각하지 않으면 어리석어지고, 생각하기만 하고 배우지 않으면 위태로워진다"는 옛말도 있다. 책만 읽고 생각하지 않으면 인터넷 소설만 읽다 끝나는 셈이다. 또 생각만 하고 행동하지 않으면 입으로는 삼라만상을 읊어대지만 정작 하는 일은 아무것도 없다.

책 읽기뿐 아니라 일과 삶도 마찬가지다. 그것이 사회적으로 인정받는 성공이든 나만의 성공이든, 지름길이란 건 애초에 없다. 그보다 나는 '1만 시간의 법칙'을 더 신뢰하는 편이다. 엄청난 능력을 타고나는 것은 소설이나 드라마 속에서나 존재하며, 현실 속 일은 언제나 시큼한 땀 냄새를 동반한다.

10년간 영어 공부를 했는데 외국인 앞에서 입도 떼지 못한다고 한탄하는 사람들이 많다. 그렇다면 정말 집중적으로 공부한 시간이 10년인가? 합쳐서 1만 시간이 되는가? 어떤 학습법이 가장 효과적인지 묻지 않길 바란다. 성실히 1만 시간을 투자했다면 어떤 식으로든 성공하게 되어 있다. 따라서 위와 같은 선택형 질문에 대한 나의 대답은 항상 "일단 해보세요"다.

창업을 원한다면 왜 하지 않는가? 자금이 부족해서? 함께할 동료가 없어서? 획기적인 아이디어가 없어서? 물론 창업을 하는 데 현실적으로 이 같은 어려움이 따른다는 건 인정한다. 그런데 기발한 아이디어를 내기 위해 실제로 머리를 쥐어짜보았는가? 사업계획서 작성에 본격적으로 몰두해보았는가? 동료나 자금을 구하기 위해 사방팔방으로 뛰어다녀보았는가? 창업을 한다고 부모님 집을 저당 잡히는 것이 아니라 필연적인 위험 요소를 스스로 통제할 수 있어야만 실패조차 온전히 받아들일 수 있다. 실패는 당신에게 무엇과도 바꿀 수 없는 값진 가르침을 줄 것이다.

NGO 단체에 관심이 있다면 실제로 도전해보았는가? NGO 관련 뉴스를 접할 때마다 가슴이 벅차오른다고? 미안하지만 그런 사람은 당신뿐이 아니다. 대략 1만 명 가운데 9,990명이 그렇다. 가슴 벅차오르는 당신이 NGO 운영의 고달픔과 경제적 어려움, 봉사 정신, 심지어 오해받기 쉬운 특성까지 진정으로 이해하고 있는지 궁금하다.

어떤 분야의 경력이 NGO 단체에 들어가는 데 유리하게 작용하는지에 관한 통계 자료는 없다. 설령 있다 해도 통계학적으로나 의미가 있을 뿐이다. 당신이 충분한 노력과 시간을 들이지 않는다면 통계 비율상의 분모에 포함될 수는 있어도 결코 분자에 들어갈 수는 없다. 취업이나 전업, 승진도 마찬가지다. 연인을 만나거나 미루기 습관을 극복하는 일 역시 이와 크게 다르지 않다.

'더 좋은 길'이란 애초에 없다. 당신이 선택한 그 길만 있을 뿐이다. 용기를 내 선택하고, 선택한 그 길을 꾸준히 걸어가라.

○
지금 잘 사는 것이 최선의 선택이다

언젠가 편지 한 통을 받았다.

저는 올해 대학교 4학년이 된 여학생입니다. 현재 아주 좋지도, 아주 나쁘지도 않은 평범한 대학에 재학 중입니다. 저는 대학교 졸업 후 시안(西安)의 한 명문대학 대학원에 진학하게 되었는데요, 처음 합격 소식을 들었을 때에는 정말 기뻤습니다. 그런데 문득 다른 친구들은 베이징, 상하이 등 대도시에 있는 대학원에 가거나, 아니면 일류 도시인 난징, 항저우 등의 명문대학 대학원에 가는데 저만 속편하게 지방 구석에 있는 학교를 선택한 것 같다는 생각이 들었습니다. 돌이켜 생각해보니 좀 더 부지런히 알아보고 노력했다면 더 나은 대도시의 대학원 진학도 그리 어려운 일은 아니었습니다. 최근 학교에 붙어 있는 채용공고를 보면서 엄청난 지역차를 실감했습니다. 저의 선택이 얼마나 어리석고 무지했는지 다른 측면에서 증명해주고 있었습니다.

어쩌면 남은 남이고, 나는 나인데 비교하는 게 무슨 의미가 있느냐고 할 수도 있습니다. 혹은 욕심은 끝이 없다면서 현실에 만족할 줄 알아야 한다고 조언하는 사람도 있을 수 있습니다. 저는 남과 저를 비교하고 싶은 마음은 추호도 없습니다. 그리고 아직 젊고 혈기왕성한 저에게 《영혼을 위한 닭고기 스프》 같이 현재에 만족하라는 조언은 아무런 도움이 되지 않습니다. 저는 제 미래가 매우 걱정됩니다.

간곡한 어투의 이 편지를 한마디로 요약하면 이렇다.
"만약 대도시에서 공부한다면 제 미래가 훨씬 더 밝아지지 않을까요?"
나는 다음과 같은 답장을 보냈다.

우리는 누구나 선택을 해야 합니다. 선택은 언제나 괴로운 일이지요. 하지만 그렇다고 중간에서 허우적대기만 하면 선택의 진정한 의미를 깨닫기 어렵습니다. 선택을 할 때에는 이 길을 고르면 다른 길로는 갈 수 없기에 당연히 고통스럽습니다. 대학 전공을 선택할 때에도 망설입니다. 회계를 선택하자니 딱딱하고 재미없을 것 같고, 문학을 선택하자니 나중에 취업할 일이 걱정입니다. 현실과 이상 사이에서 타협점을 찾기란 쉽지 않습니다. 회사를 선택할 때에도 주저합니다. 월급이 많은 곳은 일이 힘들 것 같고, 일이 편한 곳은 생활비도 못 벌면 어쩌나 걱정됩니다. 배우자를 고를 때에도 마찬가지입니다. 나를 사랑하는 사람은 내가 도통 마음이 안 가고, 내가 사랑하는 사람은 나중에 맞춰줄 일이 까마득합니다.
이 같은 미래의 불확실성이 현재의 나를 괴롭게 만듭니다. 하지만 현재에 대응하기도 벅차기에 미래를 대비할 힘은 남아 있지 않습니다. 사실 미래에 대한 지나친 걱정은 무의미한 경우가 많습니다. 지금 필요한 일은 단 하나, '현재를 잘 살아내는 것'뿐입니다.

'대도시에서 공부하면 미래가 훨씬 나아질 것이다.'

이 같은 당신의 생각은 근거 없고 확실치 않은 가설일 뿐입니다. 만일 그 가설을 믿고 현재에 노력을 기울이지 않는다면 그 가설은 곧 현실이 될 것입니다. 하지만 '미래에 중서부 지역이 발전한다면 시안이야말로 내 재능과 꿈을 펼칠 수 있는 최적의 장소다', '지금은 다른 사람보다 한 걸음 뒤처져서 시작하지만 두 배로 노력한다면 거뜬히 따라잡을 수 있다'는 가설을 세운다면 분명 당신의 인생은 완전히 달라질 것입니다.

내가 전달하고자 하는 메시지는 바로 이것이다.

'미래는 하나의 가설만 존재하는 게 아니다. 지금 현재 잘 사는 것이야말로 우리가 할 수 있는 최고의 선택이다.'

○
인생이란 장거리 경주와 같다

우리는 누구나 각자의 인생 단계에 주어지는 고난을 견디며 살아간다. 대학입학시험에 실패한 이도 있다. 함께 공부하던 친구들은 모두 대학에 들어갔는데 나만 재수 학원에서 1년 더 수험생 생활을 견뎌야 한다. 연인과 헤어진 이도 있다. 다들 연애도 잘하고 결혼도 잘하는데, 왜 내 사랑은 항상 휘청대는지 알 수 없다. 묵묵히 몇 년을 힘들게 일해온 이도 있다. 그러다 문득 주위를 둘러보니 다들 나보다 잘 먹고 잘 사는 것만 같다.

우리네 인생은 오랜 시간 달려야 하는 장거리 경주와 같다. 그렇기에 잠깐 뒤처지거나 잠시 선두에 나서는 건 큰 의미가 없다.

어릴 적 옆집에 엄친아가 살았다. 잘생기고 공부도 잘하는, 한마디로 모든 부모들이 바라는 완벽한 아이였다. 당시 나는 그 애가 밉기도 하고 질투도 났다가, 또 어느 순간 부럽기도 했다. 초등학교 3학년 때 그 친구는 최고로 좋다는 명문 학교로 전학을 갔다. 그 뒤로도 이 시험에서 수석을 했다, 저 경시대회에서 1등을 했다는 등의 소식이 끊임없이 들려왔다. 대학입학 시험을 치르던 해에는 그 친구가 의과대학에 진학했다는 이야기를 전해 들었다. 그리고 대학교 2학년 여름방학 때 고향에서 한 번 만났는데, 그때도 그 친구는 여전히 멋있었다.

그는 굉장히 열심히 살고 있었다. 매일 새벽 5시에 일어나 조깅을 한 뒤 바로 도서관으로 가서 밤 12시까지 쉬지 않고 공부를 한다고 했다. 그 친구는 나에게 의사가 자신의 평생 꿈이며, 그 꿈을 이루기 위해 자신이 할 수 있는 모든 노력을 쏟아붓고 있다고 말했다. 그리고 얼마 후 그 친구에게 정신적으로 문제가 생겼다는 이야기를 전해 들었다. 어떤 종류의 정신 질환인지는 모르지만 치료를 받기 위해 어쩔 수 없이 학교까지 그만두었다고 했다. 이 소식을 들었을 당시 내가 쓴 일기를 보면 이렇게 적혀 있다.

'세상에, 그렇게 똑똑하고 그렇게 열심히 살던 애가 무너지다니……. 이제 다 끝났어. 다시는 의사의 꿈을 이루지 못할 거야.'

그 뒤로 막 취업했을 무렵 그 친구를 만난 적이 있다. 까무잡잡한 얼굴에 체중도 많이 늘어서 예전 모습을 전혀 찾아볼 수 없었다. 호르몬 치료제 부작용 때문이라고 했다. 이미 의사가 되는 건 불가능하고 예전에 공부한 의학 지식을 밑천 삼아 의약품 영업을 한다면서, 혹시 그쪽으로 연줄이 있는지 묻기 위해 나를 찾아온 것이었다. 내가 그 친구를 보며 속상했던 이유는 겉모습이 변해서가 아니라 진하게 풍겨오는 장사치 냄새 때문이었다. 그날 쓴 일기에는 이렇게 적혀 있다.

'하늘도 무심하시지, 천재 의사가 평범한 영업사원이 되어버리다니……'

그 뒤로 들리는 소문에 따르면 의약품 판매가 제법 잘되어 돈도 많이 벌고, 결혼해서 아이도 낳아 행복하게 산다고 했다. 또 창업을 해서 당뇨병과 관련된 웹 사이트를 개설했다고 했다. 어느 날 그 친구가 다시 찾아와 각종 병의 증상과 그에 따른 약품의 치료 효과에 대해 설명해주었다. 그런 그 친구의 눈에서 과거 꼭 의사가 되고 싶다고 말하던 때와 똑같은 빛이 뿜어져 나왔다. 그 순간 얼마나 흐뭇하고 기뻤는지 모른다. 그 친구는 다른 방식으로 자신의 꿈을 실현하고 있었다. 그 친구의 인생을 지켜보며 인생은 결국 장거리 달리기와 같으며, 앞서거니 뒤서거니 하는 건 피할 수 없다는 사실을 깨달았다.

시간이란 무서운 무기다. 계속 노력하지 않으면 남들보다 뛰어난 강점도 시간에 의해 흔적도 없이 사라져버린다. 다시금 똑같은 출발선에 서게 된다. 반면 꿈을 위한 노력을 끊임없이 이어가다 보면 어느새 시간이 흐르면서 과거의 약점 또한 자취를 감춘다.

인생은 장거리 달리기와 같다. 나보다 앞서 달리는 사람이 있는가 하면, 내 뒤를 따라오는 사람도 있다. 만일 우리가 중간에 너무 오래 쉰다면 뒷사람에게 추월당할 수 있다. 반대로 더 열심히 달린다면 앞서가는 사람을 추월할 수도 있다. 그렇기에 인생길에서 잠깐 뒤처지거나 잠깐 앞서가는 것은 아무 의미가 없다.

○
기회는 노력하는 사람에게만 찾아오는 법

〈프리터, 집을 사다〉라는 일본 드라마가 있다. 1편을 보고 이어서 2편을 보면서 이 드라마가 왜 그렇게 인기가 높은지 알 듯했다.

극심한 경제 불황으로 일본의 많은 젊은이들이 일자리를 구하지 못하고 있다. 어렵게 직장을 잡더라도 본인의 흥미나 능력과는 무관한 경우가 많다. 그래도 어떻게든 회사에서 버텨낸다면 좀 나은 축에 속한다. 그것도 안 될 경우에는 사직했다 다시 취업하고, 또다시 사직하는 악순환이 계속된다. 이는 전 세계적으로 보편적인 현상이다. 일본뿐 아니라 중국에서도 흔히 볼 수 있다. 중국의 경우 아직 경제 상황은 괜찮은 편이지만, 젊은이들이 처음 직장에 들어가거나 사회의 각종 어두운 이면과 마주쳤을 때 적응하기 쉽지 않은 것은 마찬가지다.

이 드라마 속 남자 주인공은 3개월 만에 직장을 그만둔다. 이유는 간단하다. 상사의 상식 밖의 행동과 회사 내의 위선적인 대인관계에 도저히 적응할 수 없었기 때문이다. 그리고 대신 아르바이트를 시작하면서 누구나 그렇듯 이렇게 생각한다.

'이런 별 볼일 없는 일을 하면서 무슨 노력이 필요하겠어.'

이 드라마를 홍보할 마음은 없지만, 어쨌든 결말 부분에서 남자 주인공은 완전히 다른 사람으로 변한다. 정식으로 직장도 구하고 예쁜 여자 친구도 찾는다. 가장 큰 변화는 주인공의 마음가짐과 생각이 바뀌는 것이다. 나역시 비슷한 과정을 겪었다. 이런 회사에서는 나의 재능을 펼칠 수가 없다고, 상사가 나의 능력을 알아봐주지 않는다고, 취업시장에 문제가 있다고 원망했다. 그러다가 차츰 노력하지 않으면 그 어떤 수확도 거둘 수 없다는 사실을 깨달았다. 다들 부모 잘 둔 덕에 성공한 거라고 몰아붙이는 건 그저 핑계에 불과했다.

사실 핑계를 대자면 끝이 없다. 공부를 못하는 건 공부에 시간을 들이지 않아서이고, 직장을 못 구하는 건 인맥이 없어서이고, 월급이 낮은 건 사장이 아첨쟁이만 좋아해서이며, 여자 친구와 헤어진 건 늘 여자에게 문제가 있기 때문이다. 모두 다 잘못이지만 그중 내 잘못은 한 개도 없다. 부모 잘못이며, 사회 문제이며, 주변 환경 때문이다.

〈프리터, 집을 사다〉의 남자 주인공은 첫 직장을 그만둔 후 경제적 압박에 시달리다 어쩔 수 없이 공사현장을 찾아간다. 그리고 그곳에서 임시직으로 힘든 육체노동을 시작한다. 대학까지 졸업한 그가 단순노동을 하면서 얼마나 창피하고 낙심했을지는 충분히 짐작할 수 있다. 그렇게 처음에는 건들거리며 무성의하게 일하던 주인공이 그곳에서 다양한 일을 겪으면서 점점 진정한 노동의 의미를 배워간다. 주어진 모든 일에 착실하고 진지하게 임할 때 비로소 자신의 재능을 펼칠 기회가 찾아온다는 이치 또한 깨닫는다.

우리 사회나 회사에서 한 사람의 재능을 그냥 묻어두는 경우는 거의 없다. 교환가치가 무엇보다 중요한 경제사회이기 때문에 어떻게든 발굴해서 사용하려고 한다. 단, 본인만 인정하는 능력은 예외다. 다른 사람들 모두 가치 있게 여기는 능력이어야 한다. 이상의 내용을 토대로 젊은이들이 꿈을 실현하는 데 필요한 가이드라인을 다음과 같이 제안한다.

| 내가 하는 일에 애정을 가질 것

세상에 무의미한 일은 없다. 일이란 월급을 받기 위해 하는 것 이상의 의미를 지닌다. 자신의 일을 사랑하지 않으면 절대 잘해낼 수 없다. 앞서 언급한 일본 드라마를 보면 매일같이 모래만 헤집던 사람들이 결국 고속도로를 완공한다. 그리고 그 도로는 전국 교통지도에 당당히 실린다. 이는 일이 가지는 사회적 의미를 나타낸다.

| 주어진 모든 일에 최선을 다할 것

나는 더 많은 보수와 더 나은 직장을 가질 자격이 있다고 생각하는가?

: 긍정의 에너지로 나를 채워라

그렇다면 지금 눈앞에 있는 일을 잘 완수하는 것이 그 시작이다. "천릿길도 한 걸음부터"라고 했다. 별 볼일 없는 직장이라 해도, 사소한 업무라 해도 일단 그 일에 최선을 다해야 한다. 회사(사장, 동료)가 맘에 들지 않는다고 일도 대충 하고 넘어가면 결국 그 피해는 고스란히 자신에게 돌아온다.

| 말은 줄이고, 일은 늘릴 것

평균 교육 수준이 올라가고 정보가 넘쳐남에 따라 요즘 사람들은 말이 좀 많은 경향이 있다. 특히나 젊은 사람들은 혈기가 왕성하기에 맘에 안 드는 일을 보면 더욱더 침묵하기 힘들다. 그럼에도 언제나 세상을 변화시키는 것은 말보다 행동이라는 사실을 기억하라.

새로운 길에
새로운 기회가 있다

MBA 과정을 공부하면서 창업 관련 수업을 들은 적이 있다. 수업은 MIT 창업연구실 소속 교수가 진행했다. 당시 처음으로 창업을 준비하던 나는 무척 중요한 질문을 교수에게 던졌다.

"자신이 창업가로서 적합한지 여부를 가늠해볼 방법이 있습니까?"

이어진 교수의 답변에 나는 격분해서 피를 토할 뻔했다. 교수가 물었다.

"집안에 창업한 사람이 있습니까?"

나는 없다고 답했다. 교수는 다시 물었다.

"그럼 친구 중에는 창업가가 있습니까?"

나는 역시나 없다고 말했다. 그러자 교수는 확신에 찬 말투로 말했다.

"만약 주변에 창업한 사람이 없다면 당신의 창업 성공률은 매우 희박하다고 볼 수 있습니다. 주도적인 창업과 관련된 그 어떤 경험도 가지고 있지 않기 때문입니다."

그 말에 나는 화가 머리끝까지 치솟았다. 절대 수긍할 수 없었다. 무슨 근거로 내가 우리 집안 최초의, 친구들 중 최초의 성공적인 창업가가 될 수 없다고 확신한단 말인가? 이후에도 나는 여러 차례 이런 말로 자신을 격려했다. 하지만 지금 생각해보면 그 교수의 말이 아예 틀린 것은 아니었다. 창업가는 일반 직장인과는 완전히 다르다. 대부분의 일을 독립적으로 해결해야 하며, 각종 돌발 상황과 위기 상황에 대처해야 한다. 게다가 대기업의 든든한 지원 같은 건 아예 기대할 수도 없다. 창업가의 길은 선구자와 마찬가지로 결코 만만치 않다.

○
왜 선구자가 되려 하지 않는가?

영국에서 생활하다 결혼 후 국내에 정착하게 된 남편은 늘 중국에 가치투자 개념을 올바로 알고 있는 개인 투자자가 너무 적은 것 같다고 말했다. 그래서 우리가 활동하는 인터넷 투자 소모임을 대상으로 오프라인 포럼을 개최해 한번 모여서 논의해볼 계획을 짰다. 이 아이디어를 낸 후 모든 일이 술술 잘 풀렸다. 포럼에 온 강연자나 참가자들 모두 이구동성으로 "진즉 누군가 이런 일을 해주길 바랐다"고 목소리를 높였다.

궁금했다. 왜 지금껏 아무도 이런 시도를 하지 않았을까? 번거로운 일이 많아서일까? 사실 챙겨야 할 일이 많기는 하다. 강연자를 초빙하고, 사람들에게 통지하고, 장소를 물색하고, 자료도 정리해야 한다. 하지만 그다지 번거로운 편은 아니다. 비용이 많이 들기 때문일까? 초청 인사나 회의 참가자들 모두 교통이나 숙박은 알아서 해결한다. 주최자가 감당해야 하는 비용은 장소 대관료 정도이며, 이것도 가산을 탕진할 정도는 아니다. 의미 없는 일이기 때문일까? 인터넷에 포럼 개최에 관한 글을 올린 지 열흘도 지나지 않아 신청자가 100명을 넘어섰다. 이렇게 많은 사람들이 관심을 가진다는 건 이 일이 그만한 의미가 있다는 뜻이다. 처음 제안하고 조직한 우리 입장에서도 서로 지향하는 바가 같은 개인 투자자들과 교류하는 과정을 통해 그동안 미처 생각지 못한 부분을 발견하고 새롭게 배우는 기회가 되었다.

부동산 관련 일을 하는 친구가 한 명 있다. 작은 회사를 운영하며 소규모 프로젝트를 주로 담당하는 그 친구가 어느 날 나를 찾아왔다. 친구는 동종업계 선배들에게 가르침도 받고 왕래도 하고 싶은데 그럴 방법이 없고, 같은 일을 하는 사람들끼리 서로 원수 보듯 하는 것도 불편하다며 한숨을 내쉬었다. 나는 이렇게 물었다.

"혹시 소규모로 부동산협회를 만들어볼 생각은 없어? 네가 발기인이자 실무자로 나선다면 업계 동료들과도 자연스럽게 연락할 수 있을 거야. 그리고 회장직은 네가 맡지 말고 업계 선배에게 부탁하는 거지. 필요한 자금은 모두가 조금씩 내서 충당하면 되고. 그렇다고 따로 할 일이 많지도 않아. 그저 시간 될 때 다 같이 밥 한 끼 먹자고 해서 업계 발전 동향 등 이런저런 이야기를 함께 나누는 거지. 확신하건대 이렇게 하면 네가 하는 일에도 도움이 많이 될 거야."

나의 제안에 친구는 무척 기뻐했다. 그리고 얼마 지나지 않아 실제로 협회가 발족되었다. 협회가 만들어지자 정부에서도 관심을 보이기 시작했다. 주요 연락책을 맡은 친구는 동료들과도 협력하고 정부와도 긴밀한 관계를 유지하면서 하고 있는 사업 역시 점점 번창해갔다.

이렇듯 선구자만이 누릴 수 있는 혜택이 많은데 왜 선구자로 나서는 사람이 별로 없을까? 돌이켜 생각해보면 그 이유는 어렸을 적부터 그런 환경에 놓여 있지 않아서 경험이 부족한 탓이다. 초등학교 때 반장이나 반 임원은 대부분 선생님이 정해주거나 선거 결과에 따랐다. 중·고등학교 때에는 공부하느라 다들 정신이 없었다. 대학에 가서야 드디어 새로운 동아리를 만들 기회가 생기지만 그 과정도 만만치 않다. 학교와 학과 사무실, 학생회 등 여러 단계에 걸쳐 보고하고 허가를 받아야 하는데 까다롭고 번거로워 도중에 그만두고 싶을 정도다. 그러다 사회로 나가 직장에 들어가면 대다수의 사람들이 상부의 지시를 두말없이 따르게 된다. 그러다 보니 선구자 의식도 부족하고, 그런 훈련도 되어 있지 않은 경우가 대부분이다. 회사나 단체를 직접 설립해 자질구레한 운영 일에서부터 이후 거대해진 조직을 관리하고 발전시켜나가는 일까지 하나같이 생소하고 어렵기만 하다.

이렇게 한번 상상해보자. 초등학교 때에는 직접 장난감 모둠을 만들어서로 바꾸어 놓면 더 많은 장난감을 사용해볼 수 있다. 중학교 때에는 인기 있는 온라인 게임 팀을 조직해 다른 팀과 정기적으로 실력을 겨뤄볼 수 있다. 고등학교 때에는 반 친구 모두를 인기투표에 동원해 당신이 좋아하는 아이를 인터넷 최고 스타로 만들어볼 수 있다. 이렇게 산다면 우리 삶은 얼마나 다채롭고 풍성해질까?

　본래 주제로 돌아와서, 왜 선구자가 될 생각을 하지 않는가? 실제로 해보지도 않고 당신이 기획한 회사 내 이벤트가 재밌을지 아닐지 어떻게 아는가? 창립한 회사가 어떤 고난에 직면할지 어떻게 알겠는가? 새로 조직한 NGO 단체가 탁상공론에만 그칠지 아닐지 어떻게 아는가? 열린 마음으로 끊임없이 시도하고 노력한다면 얼마든지 새로운 영역을 개척하고 새로운 인생 경험을 쌓을 수 있다.

O
눈앞의 기회를 잡을 자신 있는가?

일을 하다 알게 된 J라는 친구가 있다. 원래 나는 저녁 시간이나 주말에 업무 약속을 잡는 걸 좋아하지 않는다. 일이 나의 일상생활에 지장을 주는 걸 원치 않기 때문이다. 그런데 J는 매번 저녁이나 주말에 약속을 잡으려 했다. 서로 잘 알게 된 후에야 이 친구가 평일 낮에 본업 말고도 또 다른 일을 하고 있다는 사실을 알게 되었다.

본래 J는 어느 의약회사에 다니는 평범한 회사원이었다. 높지도 낮지도 않은 보통 수준의 월급을 받으며 일본 소형차를 몰고 다니고, 서른 살 무렵 결혼도 했다. 제법 잘살았고 계속 그렇게 일한다면 안정된 미래 또한 보장되어 있었다.

그러던 어느 날 한 친구가 J에게 아는 외국인이 중국에 오는데 혹시 그 사람을 위해 며칠 통역을 맡아줄 수 있는지 물었다. 당시 많은 친구들이 함께 그 말을 들었지만 아무도 선뜻 나서지 않았다. 황금 같은 주말에 외국인을 데리고 다니면서 보수도 기대할 수 없는 일을 굳이 맡고 싶지 않았던 것이다. 하지만 J는 어차피 주말에 집에서 빈둥거릴 바에야 같이 다니면서 견문도 넓히고 영어 회화 연습도 하자는 생각에 그 제안을 받아들였다.

그 외국인은 프랑스 사람으로 프랑스의 한 부동산 에이전시 사장이었다. 프랑스의 많은 별장과 성을 유명 인사들에게 파는 일을 했으며, 러시아 석유 재벌이나 베컴 부부가 그의 고객이었다. 그는 중국 경제가 호황기에 접어들자 중국 시장을 둘러보러 온 것이었다. 그런데 중국도 처음이고 영어 발음도 서툴다 보니 함께 다닐 통역사가 필요했다. 그렇게 통역을 한 번 해준 인연으로 J는 그의 중국 부동산 대리인이 되었다.

일은 그다지 어렵지 않았다. 가끔 특정 행사에 참가해 명함을 교환한 뒤 프랑스 부동산 투자에 관심을 보이는 사람에게 전화를 하거나 이메일을 보내는 정도였다. 작년에 J는 고객과 함께 프랑스에 두 차례 다녀오는 데 회사의 연차를 사용하기도 했다. 그때 니스에 있는 별장 계약을 성사시켜서 적지 않은 중개료도 벌었다.

그 뒤로 일이 점점 바빠지면서 J는 결국 다니던 회사를 그만두기로 결정했다. 그만두지 않는 게 오히려 이상할 정도였다. 새로운 일이 월급도 더 많고 전망도 훨씬 밝은 데다 그 프랑스인의 중국 회사 지분도 일부 갖고 있었다. 게다가 업무 시간도 자유롭고 일의 강도도 세지 않았다.

J가 단지 운이 좋았다고 생각할 수도 있다. 하지만 당초 그 기회는 여러 사람에게 주어졌지만 J만이 실제로 기회를 잡았다. 이 친구의 운은 바로 이처럼 과감히 도전하는 데서 비롯된 것이다. 통역 기회를 잡지 않은 사람들이 얼마나 후회하고 괴로워했을지 눈에 선하다.

'쓸데없는 일은 안 하는 편이 낫다'고 생각하는 사람들이 제법 많다. 직장에서는 자기 업무 범위에서 벗어나는 일은 절대 맡지 않으려 하고, 일상생활에서는 눈에 보이는 실질적인 이득이 없는 일에는 손도 대지 않으려 한다. 그렇게 절약한 시간을 인터넷 서핑이나 친목 모임, 게임을 하면서 무의미하게 써버린다. 내 업무 범위에서 벗어나는 일이 주어졌을 때 그 일을 통해 새로운 영역을 접할 수도 있고, 새로운 사람과 만날 수도 있다. 어쩌면 몰랐던 나의 또 다른 재능을 발견하거나 심지어 J처럼 새로운 분야의 일을 시작하게 될 수도 있다.

기회가 주어질 때마다 열린 마음으로 도전하고 또 도전해봐야 한다. 물론 그 모든 것이 진정한 기회는 아닐 수도 있다. 하지만 꾸준히 시도한다면 기회는 분명 당신의 방문을 두드릴 것이다.

: 긍정의 에너지로 나를 채워라

○
타고난 능력이 없으면 천재가 될 수 없을까?

내가 P와 알고 지낸 지는 8년 정도 되었다. 처음 만났을 때 그는 그다지 눈에 띄는 친구가 아니었다. 키는 제법 컸지만 수수한 옷차림에 말주변도 별로 없고, 모두가 발언하는 자리에서 그저 한두 마디 정도만 거들 뿐이었다. 유머감각도 살짝 부족해서 다들 농담을 주고받을 때 잘 끼지 못했다. 하지만 P는 누구보다 내가 가장 감탄한 친구였다.

P에 관해 조금 소개하자면 그는 매번 모임이 끝날 때마다 친구든 직원이든, 모두가 차를 타고 가는 모습을 끝까지 남아서 배웅한다. 간혹 차를 가져오지 않은 사람이 있으면 직접 나서서 택시를 잡아주기도 한다. 그렇게 매번 모두를 무사히 돌려보낸 후에야 본인 차에 오른다. 또 그는 매일같이 새벽 6시 30분에 일어나 운동을 하고 독서를 한다. 작은 회사를 운영하지만 접대 자리에서 술, 담배를 하는 일이 없다. 회의에서 발언해야 할 일이 생기면 언제나 사전에 원고를 작성해서 며칠 전부터 준비한다.

P는 시간 약속도 잘 지킨다. 큰 행사나 중요한 회의가 있는 날이면 항상 최소 30분 전에는 도착한다. 일찍 와서 직원들의 준비 작업을 돕기도 하고, 책을 읽거나 업무를 보기도 한다. 또 항상 다이어리를 지니고 다닌다. 대화를 나누다가도 흥미로운 화젯거리가 나오면 다이어리에 꼼꼼히 기록한다. 매일 일하기 전 다이어리에 계획을 세우기 때문에 한 치의 어긋남도 없다.

그를 알고부터 나 역시 다이어리를 더욱 중요하게 생각하게 되었다.

P는 1985년생이다. 대학을 졸업하기 전에 창업을 했으며, 회사의 규모도 상당하다. 그런데 아무리 봐도 이 친구가 천재는 아니다. 나는 P가 한 걸음씩 노력하며 성장하는 모습을 가까이에서 지켜봐왔다. 보통 사람들은 신경 쓰지 않는 사소한 일도 P는 절대 대충 넘어가는 법이 없다. 처음에는 다들 P가 행사장에 일찍 도착하고 사람들을 하나하나 배웅하는 모습을 보며 가식적이라고 생각했다. 하지만 지금까지 8년을 알고 지내면서 수십 차례 P를 만났지만 매번 그의 모습은 변함이 없다. 이제는 다들 그를 존경하게 되었다. 물론 지금 P가 엄청난 성공을 거두었다고는 말할 수 없지만 그의 미래가 얼마나 밝을지는 충분히 예측이 가능하다.

관심 분야가 다양하며, 예리하게 비판할 줄 알고, 어떤 주제든 빠지지 않고 나서는 사람은 거리에 넘쳐난다. 반면 작은 일에도 스스로에게 엄격한 잣대를 들이댈 줄 아는 사람은 흔치 않다. 다들 '타고난 재능'이라는 헛된 꿈만 믿으려 한다. 그러면서 사소한 일에서부터 시작해 조금씩 발전해나가고 결국 크게 변화하는 자연의 순리는 외면해버린다.

선천적 재능이나 천부적 소질 같은 말을 나는 믿지 않는다. 명문대 졸업장이나 성적표, IQ 지수 등도 그다지 신뢰하지 않는다. 그보다는 1만 시간이 천재를 만든다는 '1만 시간의 법칙'을 더 굳게 믿는다. 모든 일은 본인의 노력 여하에 달려 있다. 타고난 능력이 없어도 노력하기에 따라 후천적 천재가 될 수 있다.

고통도, 실패도
사실 별거 아니다

인생을 살아가면서 고통과 실패를 피해갈 방법은 그 어디에도 없다. 어느 누구도 괴로운 일을 겪고 실패의 순간에 맞닥뜨리길 바라지 않는다. 심지어 고통과 실패 앞에 그대로 주저앉아 다시는 살아갈 용기를 내지 못하는 이들도 있다. 하지만 고통과 실패가 없는 인생은 불완전한 인생이다.

고통은 우리에게 값진 인생 경험을 선사하며, 실패는 성공을 위해 반드시 거쳐야 하는 과정이다. 충분한 용기와 믿음만 가지고 있다면 그 어떤 고통과 실패도 이겨낼 수 있다. 고통도, 실패도 세월이 흐른 뒤 되돌아보면 사실 별거 아니다.

○
모든 것은 생각하기 나름이다

'긍정심리학'의 창시자 마틴 셀리그만은 자신의 저서 《마틴 셀리그만의 긍정심리학》에서 과학적 심리 테스트를 하나 제시하고 있다. 이 심리 테스트는 비관과 낙관 지수를 다양한 차원에서 측정해보는 데 목적을 두고 있다.

당신은 최근에 일어난 긍정적 혹은 부정적 사건이 영속성을 지닌다고 생각하는가? 이는 '영속성' 차원에 관한 테스트다. 즉, 당신은 좋은 일이 생겼을 때 이것이 계속 이어질 거라고 생각하는가? 부정적인 사건을 겪었을 때에는 이런 일이 자주 발생한다고 생각하는가? 가령 여자 친구의 생일을 깜빡했다고 하자. 이럴 때 "나는 원래 생일을 잘 기억 못 해"라는 이유를 든다면 이는 부정적인 사건이 영속성을 지니며 앞으로도 자주 발생할 거라고 생각한다는 뜻이다. 안 좋은 사건이 '항상' 벌어진다고 여기는 사람은 당연히 더 비관적이며, 부정적인 생각에서 더욱 벗어나지 못한다. 반면 좋은 일이 '항상' 일어난다고 생각하는 사람은 자연히 훨씬 더 낙관적이다. 간혹 부정적인 사건을 겪는다 해도 이를 '어쩌다 한 번' 일어난 일시적인 일로 여긴다.

쌍둥이 남자아이 둘이 있었다. 그중 한 명은 굉장히 낙관적인 반면, 다른 한 명은 지나치게 비관적인 아이였다. 이들의 극단적인 성향을 바꿔보기로 결심한 부모는 비관적인 아이에게는 멋진 장난감 자동차를 선물로 주고, 낙관적인 아이는 소똥이 한 무더기 쌓여 있는 곳에 데려다 놓았다. 잠시 후 부모는 아이들을 보러 갔다. 장난감 차가 비관적인 아이에게 많은 즐거움을 안겨주는 반면, 소똥 곁에 둔 낙관적인 아이는 더 이상 마냥 좋아하지 못할 거라 생각했다. 하지만 결과는 정반대였다. 비관적인 아이는 장난감 차를 앞에 놓고 절망적인 얼굴로 이렇게 중얼거리고 있었다.

"이 멋진 차는 얼마 지나지 않아 곧 망가져버릴 거야."

반면 낙관적인 아이는 신바람 나게 소똥을 파헤치면서 부모를 향해 기쁜 표정으로 이렇게 말했다.

"소똥 안에 저 몰래 깜짝 선물을 숨겨놓은 거죠?"

이처럼 비관적인 사람과 낙관적인 사람은 태도 자체가 다르다. 비관적인 아이는 새 장난감이 생긴 기쁜 사건은 어쩌다 한 번 일어난 일이며, 조만간 나쁜 일이 벌어질 거라 생각한다. 이와 달리 낙관적인 아이는 소똥이라는 안 좋은 사건은 일시적이며, 뭔가 기쁜 일이 뒤따를 것이라 확신한다.

다음으로 당신은 긍정적 혹은 부정적 사건이 보편성을 지닌다고 생각하는가? 이는 '보편성' 차원에 관한 테스트다. 부정적인 사건의 원인을 보편적인 것이라고 생각하는지 여부를 테스트한다. 예를 들어 시험에 불합격한 원인을 내가 다른 사람보다 멍청해서라고 생각한다면 이후 많은 부정적인 사건들도 보편성을 띤다고 본다는 의미다. 나는 똑똑하지 않기 때문에 시험을 망쳤으며, 다른 일 역시 잘해내지 못할 것이라 여긴다. 반면 당신이 낙관적인 사람이라면 이번엔 준비가 부족해서 시험에 불합격했다고 생각한다. 그렇기에 좀 더 준비를 철저히 하면 다음번에는 문제없이 좋은 성적을 거둘 수 있으리라 믿는다. 보편성은 이처럼 아주 사소한 일에서도 비관적 혹은 낙관적 감정을 확산시키는 경향이 있다.

마지막으로, 당신은 미래에 대한 희망을 품고 있는가? 가장 중요하다고 볼 수 있는 '희망' 차원에 관한 테스트다. 이는 내가 줄곧 꿈을 강조한 이유이기도 하다. 미래에 대한 꿈과 희망이 있어야만 계속 전진할 수 있는 동력이 생긴다. 낙관적인 사람 역시 어려움과 좌절을 겪는다. 하지만 그것이 일시적이거나 특정 원인 때문이라고 생각하지, 영원하거나 보편적이라고 여기지는 않는다.

결국 모든 것은 삶을 바라보는 태도에 의해 결정된다. 물이 반 정도 담긴 잔을 바라보며 비관주의자는 잔이 반이나 비어 있고, 물이 반밖에 없다고 생각한다. 하지만 낙관주의자는 완전히 빈 잔이 아니라 다행이며, 물이 반이나 차 있다고 본다. 반 잔의 물이라는 객관적인 사실은 변함이 없다. 다만 이를 바라보는 태도가 완전히 다른 것뿐이다. 비관적인 사람이 낙관적으로 변하기는 결코 쉽지 않다. 단, 이것만은 기억해두자. 부정적인 사건이 일어났을 때 자신에게 이렇게 말해보는 것이다.

'이건 일시적인 사건일 뿐이야.'

절대 절망감에 사로잡혀 이렇게 생각해서는 안 된다.

'나는 평생 재수가 없어. 어떤 일을 해도 안 될 거야.'

그리고 다시 좋은 일이 생기면 또 이렇게 말해보자.

'역시 나는 운이 참 좋아. 매사에 이렇게 운이 따른다니까.'

: 긍정의 에너지로 나를 채워라

○
하늘은 어쩌면 이토록 불공평할까?

원하는 대학의 진학에 실패했을 때 이렇게 말하는 사람들이 있다.

"왜 하늘은 이토록 불공평할까? 밤늦게까지 공부하면서 얼마나 열심히 노력했는데……. 예전에 내 숙제를 베끼던 애들도 다 원하는 대학에 합격했는데, 왜 나만 이류 대학에 다녀야 하는 거지? 하늘은 왜 나에게만 이렇게 불공평한 걸까?"

취업에 실패했을 때 이렇게 말하는 사람들도 있다.

"왜 하늘은 나한테만 이렇게 불공평하지? 학교 다닐 때 나보다 공부 못했던 친구들도 은행에 입사하고 공무원이 돼서 높은 월급을 받는데, 왜 나만 쥐꼬리만큼 받고 일을 해야 하는 거지? 하늘은 왜 나에게만 이토록 불공평한 걸까?"

어디 원망할 것이 사회뿐이겠는가? 죄 없는 하늘도 수없이 연루되기는 마찬가지다.

'천둥 호랑이'라 불리는 타이완 영화배우 우치룽의 인터뷰를 본 적이 있다. 오랫동안 아버지의 빚을 갚느라 고생하며 살았는데 하늘을 원망한 적은 없었느냐는 사회자의 질문에 그는 진지하게 "있다"고 대답했다. 사회를 원망하기도 했지만 그는 끝내 아버지의 빚을 모두 갚았다. 그리고 2011년 중국 인기 드라마 〈보보경심〉으로 제2의 전성기를 맞았다.

몇 년 전, 가족 가운데 아픈 사람이 있어서 병원에 자주 드나든 적이 있다. 그곳이야말로 '하늘'의 고난 지역이었다. 그곳에서 가장 많이 들었던 원망은 이것이다.

"내가 잘못한 게 뭐 있다고, 하늘은 나한테만 이렇게 불공평한 거지?"

그런 환자를 보면 당연히 안쓰럽게 느껴진다. 하지만 내가 정말 가까이 하고 싶은 사람은 이렇게 말하는 환자다.

"일은 사람이 하지만 그 결과는 하늘에 달려 있는 거지요. 그래도 아래층 암 병동 환자들에 비하면 우리는 이미 행복한 사람들입니다. 의사 선생님을 믿고 한번 버텨봐야죠."

이 두 환자 모두 비슷한 시기에 완쾌되었다. 하지만 그중 한 명은 불행한 마음을 얻었고, 나머지 한 명은 감사한 마음으로 모든 고난을 헤쳐나갈 수 있게 되었다.

월 보웬의 《불평 없이 살아보기》라는 책이 떠오른다. 불평은 나의 시간과 에너지를 헛되이 낭비하는 일일 뿐이다. 인류 역사상 불평하고 원망해서 이루어낸 성과는 단 하나도 없다. 단지 자신만(그리고 존재하지도 않는 하늘만) 상처 입히고 불행하게 만든다. 영원히 루저의 자리에 머물며 타인의 동정만 바라게 한다.

이제 다시는 하늘을 귀찮게 하지 말자. 세상은 본래 불공평하다. 인생은 원래 불공평하며, 그 누구도 이를 바꿀 수 없다. 내가 바꿀 수 있는 건 오직 나의 태도뿐이다. 불공평한 일 앞에서 계속 원망만 늘어놓을 것인가, 아니면 적극적으로 대응할 것인가. 그 순간 당신의 선택이 인생의 방향을 결정한다.

○

실수와 실패의 노예가 되지 마라

필립 짐바르도와 존 보이드의 《나는 왜 시간에 쫓기는가》를 읽다 인상 깊은 구절을 하나 발견했다.

"현재는 과거의 노예도, 미래로 가는 수단도 아니다."

실제로 '과거의 노예'로 살아가는 이들이 있다. 과거의 잘못과 짐을 짊어진 채 거기서 헤어나지 못한다.

보통 부부싸움은 다음과 같이 시작된다. 남편은 원래 10분만 더 게임을 할 계획이었다. 그런데 부인이 다가와 말한다.

"당신은 만날 게임만 하는군요."

그런 뒤 이렇게 확대시킨다.

"나한테는 관심도 없지요. 그러니까 게임만 하는 거겠죠."

원래 부인은 예쁜 구두 딱 한 켤레만 구입할 생각이었다. 그런데 남편이 말한다.

"너무 낭비가 심한 것 같아요."

그리고 이렇게 확대한다.

"당신은 평소에도 돈을 너무 함부로 쓰는 습관이 있어요."

이렇게 일부만 보고 전체까지 속단해버린다. 원래 사소한 일이었는데 점점 커져서 결국 심각한 갈등으로 번지는 것이다. 또 스스로에게 자꾸 낙인을 찍는 사람이 있다. 일을 기한 내에 마치지 못하면 이렇게 말한다.

"나는 항상 미루는 게 병이야."

물론 어느 정도는 그럴 수도 있다. 하지만 일단 이렇게 정의를 내리고 나면 그 그늘에서 벗어나기가 쉽지 않다. 일주일 늦게 보고서를 제출했을 뿐인데 "나는 늘 미루는 습관이 있어. 매사에 미루는 게 문제야. 나는 심각한 미루기 병 환자야"라고 낙인을 찍는 바람에 그 일이 무한히 확장되는 것이다. 이 같은 심리적 암시가 안 좋은 이유는 '미루는 병이 있다'는 이유로 자신의 잘못된 행동을 쉽게 용서해버린다는 데 있다. 문제를 똑바로 직시하지 않으며, 적극적으로 해결하려 들지도 않는다. 그 결과 악순환이 반복된다. 이는 스스로 잠깐의 실수나 잘못을 '영구화', '보편화'시키는 것이다.

사실 남편은 10분만 더 게임을 할 생각이었는데 부인이 '만날 게임만 하는 사람'이라고 영구화시켜버렸다. 그런 뒤 또다시 '나한테는 관심이 없으니까 게임만 하는 것'이라고 보편화시켰다. 딱 한 번 보고서를 늦게 제출한 것뿐인데 '나는 항상 미루는 게 병'이라면서 본인 스스로 이 문제를 영구화시킨다. 그런 뒤 다시 '나는 매사에 미루는 습관이 있다'고 보편화시킨다. 그리고 결국 돌이킬 수 없는 결론에 도달한다. 나는 '심각한 미루기 병 환자'라고.

세상에 태어나면서부터 걸을 수 있는 아이는 없다. 모든 아이가 처음에는 일어서다 넘어지고, 한 발 떼다 넘어지고, 그리고 다시 일어서는 과정을 반복하면서 걸음마를 배운다. 무수한 실패를 겪은 후에야 걸을 수 있게 되는 것이다.

처음 걸음을 떼다 넘어졌다고 해서 다시는 걷지 못하고 영원히 기어 다니기만 하는 아이는 단 한 명도 없다. 누가 가르쳐주지 않아도 넘어짐을 걷는 법을 배우기 위한 필수 과정으로 당연하게 받아들인다. 걷다 넘어져서 아프면 큰 소리로 울음을 터뜨리면서 잠시 쉴 수도 있다. 하지만 얼마 지나지 않아 다시 용기를 내 걸음마를 시작한다. 어린 시절에는 누구나 이러했다. 그런데 왜 어른이 된 지금은 이렇게 못 하는 것인가?

○
모든 실패는 성공을 위한 연습이다

'실수와 실패'의 또 다른 이름은 '성공을 위한 연습'이다. 이렇게 생각하면 어떤 실패에도 좌절하지 않는다. 어린아이가 걸음마를 배우듯 넘어질 때마다 교훈을 얻는다. 어떻게 몸의 균형을 유지해야 하는지, 어떻게 벽을 잡고 걸어야 하는지, 어떻게 다리에 힘을 주어야 하는지 배우면서 한 발, 한 발 성공을 향한 발걸음을 내딛는다. 성공은 언제나 수많은 실패의 경험을 동반한다.

대학 졸업 후 취업시장에 뛰어든 한 젊은이가 있었다. 경찰이 되고자 친구 넷과 함께 경찰 채용 시험에 응시했지만 이 젊은이만 떨어지고 친구들은 모두 합격을 했다. 이후 KFC 매장 직원 채용에 지원했지만 역시나 지원자 24명 가운데 유일하게 이 젊은이만 낙방을 했다. 그 뒤로 총 30여 개의 회사에 입사지원서를 냈으나 줄줄이 퇴짜를 맞았다.

너무 비참한 인생이라고 생각하는가? 만일 당신이라면 계속해서 떨어지기만 하니 이제 그만 취업을 포기하는 게 낫겠다고 생각할 것 같은가? 하지만 이 젊은이는 그렇지 않았다. 결국 끈질긴 노력 끝에 대학 강사 자리를 얻는 데 성공했다. 그리고 그 뒤로 세계 최대 규모의 전자상거래업체 회장 자리에 올랐다. 이 젊은이가 바로 마윈이다. 이보다 더 많이 알려진 이야기가 있다.

9세, 어머니가 세상을 떠난다.

22세, 사업에 실패한다.

23세, 주 의원 선거에서 낙선한다. 대학 진학에 실패한다.

24세, 친구에게 돈을 빌려 사업을 시작하지만 1년도 안 되어 파산한다.

　(그 뒤 16년이 흐른 뒤에야 겨우 그 빚을 갚는다.)

26세, 결혼 전날 밤 예비 신부가 병으로 세상을 떠난다.

27세, 신경 쇠약으로 6개월간 침대에만 누워 있다.

34세, 국회의원 선거에서 낙선한다.

45세, 상원의원 선거에서 낙선한다.

47세, 부통령 총선에서 낙선한다.

그야말로 실패한 인생처럼 보인다. 그런데 이는 미국 16대 대통령 에이브러햄 링컨의 생애다. 그냥 실패는 없으며 모두 '성공을 위한 연습'이다. 실패는 무엇과도 바꿀 수 없는 값진 경험이다.

늘 미루는 습관이 있다고 해보자. 예컨대 논문 제출일을 또 한 차례 연기했거나 월요일에 해야 할 업무 보고를 금요일로 연기하고 말았다면? 이럴 때에는 미루기와의 싸움에서 '또 한 번의 패배'로 볼 것이 아니라 '또 한 번의 연습'으로 보아야 한다.

연습과 실패는 엄연히 다르다. 일단 연습에는 성공과 실패가 없다. 연습은 성공을 위해 차곡차곡 쌓아가는 것이며, 심지어 시행착오 그 자체라고 볼 수도 있다. 이 방법으로 연습해서 안 되면 다른 방법을 시도하면서 성공할 때까지 계속한다. 이렇듯 연습이라고 생각하는 사람은 성공에 대한 믿음을 절대 꺾지 않는다. 반면 실패라고 생각하는 사람은 자신이 성공할 수 있다고 기대하지 않는다.

어떤 일이 잘 안 됐다면 그건 단지 그 일이 그럴 뿐이다. 그렇다면 대체 나는 왜 스트레스를 받는 걸까? 그건 스스로 '나는 멍청하다', '나는 의지가 부족하다', '나는 금수저를 물고 태어나지 않았다', '나는 미루기 병이 있다'고 생각하기 때문이다. 눈앞의 일에 집중하길 바란다. 생각했던 것만큼 결과가 좋지 않다고 해도 걱정하지 마라. 다음번에 잘하면 그만이다.

가령 나무판 두 개를 2미터 간격으로 벌려 놓고 하나의 나무판에서 또 다른 나무판으로 건너뛰는 게임을 한다고 치자. 이 경우 게임을 부담 없이 즐길 수 있다. 그런데 만일 이 두 개의 나무판을 땅에서 10미터 높이 위에 설치해 놓는다면 참가자들은 훨씬 더 큰 심리적 압박감을 느끼면서 결국 임무를 완수하기 어려울 수도 있다. 어떤 일이 생각만큼 안 됐을 때 '나는 멍청하다', '나는 의지가 부족하다', '나는 금수저를 물고 태어나지 않았다', '나는 미루기 병이 있다'고 생각한다면 이는 우리의 마음속 나무판을 높이 치켜드는 것과 마찬가지다. 단순한 임무를 나의 가치를 검증하는 일로 만들어버리는 격이다.

성공한 이들은 보통 수많은 좌절과 불행을 겪고도 툴툴 털고 일어난 사람들이다. 이들은 그 모든 걸 성공에 이르기 위한 연습이자 필수 코스로 생각한다. 반면 실패한 이들은 한 번의 실패를 본인의 가치에 대한 심판으로 여기며 이렇게 생각한다.

'나란 사람은 역시 끈기가 없어.' '나는 원래 영어를 못해.' '하루에 책 한 권은 역시 나에게 무리야.' '결국 나는 영원히 사랑하는 사람을 만나지 못할 거야.'

성공하고 싶다면 실수와 실패를 어떻게 바라볼지부터 정해야 한다. 여기에 당신의 미래 모습이 달려 있다.

: 긍정의 에너지로 나를 채워라

고통스러운 순간에 기억해야 할 3가지

우리는 살아가는 동안 다양한 어려움과 고난에 직면한다. 크고 작은 시련
이 시시때때로 우리를 힘들게 한다. 고통이 갑자기 덮쳐오면 그 엄청난 기
세에 그만 파묻혀버리고 만다. 모든 삶의 의미를 상실하고, 어떤 이야기도
들리지 않으며, 어떤 좋은 것도 보이지 않는다. 그저 망연자실할 뿐이다. 마
치 세상과 나 사이에 투명한 막이 가로막고 있는 것처럼 느껴진다. 막 너머
의 세상 사람들은 활기차게 오가며 열심히 생활하는데 오직 나만 막의 다
른 편에 홀로 서 있는 듯하며 몸서리치게 외로워진다. 처음에는 울어도 보
고, 소리도 치고, 발버둥도 친다. 이 모든 게 사실이라는 걸 도저히 믿을 수
없지만 아무 소용 없다. 고통은 삶의 또 다른 진실이기 때문이다.

광저우에서 일하던 시절이 떠오른다. 과중한 업무에 치이고 가족은 세상
을 떠났는데, 나만 홀로 타지에 남아 있었다. 퇴근하고 집으로 돌아오면 매
일 멍하니 TV만 바라보았다. TV 속 세상은 시끌벅적하기만 한데 나는 대
체 뭘 하고 있고, 또 어디로 가야 하는지 막연하기만 했다. 한바탕 울 힘조
차 남아 있지 않았다. 그저 이를 악물고 버티는 수밖에 다른 도리가 없었다.
온 힘을 쥐어짜내 하루하루 버틸 뿐이었다. 그러다 늦은 밤 침대에 누우면
그제야 안도의 한숨이 새어나왔다.

'그래, 오늘 하루도 무사히 버텨냈어.'

시간은 역시 최고의 명약이었다. 나의 경우 시간이라는 해결책 외에 'To do list'를 꼼꼼하게 작성하는 것도 많은 도움이 되었다.

데일 카네기의 자기계발서에는 이런 이야기가 나온다. 중년의 나이에 부인을 잃은 한 남자가 있었다. 아직 미성년자인 자녀도 서너 명 있었다. 남자는 하루 종일 깊은 슬픔에 잠겨 지냈다. 그러던 어느 날 굳게 결심을 하고 종이를 한 장 꺼냈다. 그리고 그 종이에 해야 할 각종 집안일을 한가득 적어 내려가기 시작했다. 비가 올 때마다 물이 새는 지붕 고치기 등의 일이었다. 그런 뒤 한 가지, 한 가지 차근차근 해나갔다. 마침내 목록에 적힌 일을 모두 마쳤을 때 남자는 슬픔에서 완전히 벗어나 있었다. 앉아서 슬퍼만 할 때보다 슬퍼하면서도 할 일을 해나갈 때 슬픔의 강도는 훨씬 약해진다. 이는 우리 두뇌가 동시에 두 가지 일을 수용하지 못하기 때문이다. 한 가지 일에 온 신경을 집중하면 또 다른 일은 점차 기억에서 사라져버린다. 처음에는 단순하고 반복적인 일로 시작하는 게 좋다. 몸을 쓰는 일이라면 더욱 효과적이다.

이 외에 가족이나 친구의 위로도 큰 도움이 되었다. 첫 연애가 끝나고서 나는 일주일 만에 몸무게가 3킬로그램이나 빠졌고, 매일 밤잠을 이루지 못해 뜬눈으로 지새우기 일쑤였다. 그날도 밤늦도록 깨어 있는데 엄마가 다가오더니 내 옆에 함께 누웠다. 그리고 나를 꼭 껴안으면서 목 멘 소리로 말했다.

"네가 이러면 엄마도 살 수가 없단다."

그날 이후로 나는 조금씩 회복되어갔다. 고통에 몸부림치고 있는 순간에는 어떤 위로의 말도 귀에 들어오지 않는다. 하지만 이를 악물고 그 시간을 견디고 나면, 그럼에도 여전히 나를 사랑해주는 이와 내가 사랑하는 이가 내 곁에 있다는 사실을 깨닫게 된다. 고통스러운 순간에 다음의 세 가지만 기억하자.

- 일단 이를 악물고 하루하루 버텨낼 것
- 스스로에게 임무를 부여하여 나의 두뇌를 속일 것
- 내가 사랑하는 이들을 떠올릴 것

그러다 보면 어느새 굳은살이 벗겨지듯 고통도 점차 사라진다. 마치 갓 태어난 생명처럼 더욱 민감해지기도 한다. 다시 꽃향기가 느껴지면 맑고 신선한 바람에 기분이 좋아진다.

아직도 기억나는 일이 있다. 길을 걷다가 우연히 쓰레기통 옆의 풀숲에서 활짝 피어난 데이지 꽃을 발견했는데 그것이 얼마나 아름답던지, 결국 나는 쓰레기통 옆에 쪼그리고 앉아 한참을 울었다. 지나가던 이들이 곁눈질해도 눈물이 멈추지 않았다. 그날의 눈물은 안도의 눈물이었다. 내가 이미 괜찮아졌다는 사실에 대한 안도였다. 아름다운 날은 결국 다시 돌아온다.

슈퍼 긍정 히어로로
변신하기

영화 〈어벤져스〉 시리즈가 인기를 끌고 있을 무렵 친구들과 모인 자리에서 어떤 슈퍼히어로가 제일 대단한지 이야기를 나눈 적이 있다. 헐크는 무한한 힘을 지녔지만 종종 제어가 잘 안 되고, 아이언맨은 다양한 능력을 갖췄지만 연료가 떨어지면 속수무책이며, 토르는 신이지만 의외로 무능할 때가 자주 있다는 등의 이야기가 오갔다.

슈퍼히어로는 언제나 지구를 위험에서 구해낸다. 물론 모두 만들어낸 이야기이지만, 혹시 이들이 모두 상당히 긍정적이라는 생각을 해본 적이 있는가? 이들이 맞닥뜨리는 문제나 어려움의 정도는 보통 사람들이 겪는 수준을 한참 넘어선다. 그런데도 울트라맨, 스파이더맨, 헐크, 배트맨 등의 슈퍼히어로는 어떤 상황에서도 '나는 지구를 구할 수 있어'라고 굳게 확신한다. 반대 세력이 부모를 죽이거나 연인을 포로로 잡아 가두거나, 심지어 자기 집을 통째로 불태워버려도 의기소침해하거나 절망감에 빠져 있는 법이 없다. 우리에게는 초능력이 없지만 이들처럼 긍정적이 되는 건 얼마든지 가능하다. 삶을 대하는 태도를 바꾸면 나만의 세상에서 얼마든지 슈퍼히어로로 변신할 수 있다.

○
나는 완벽하다, 주문을 외워라

풋풋한 사랑 영화들이 대거 인기몰이를 하던 당시, 그 시절이 그리운 옛 친구들과 함께 모여 옛날 일을 추억하곤 했다. 오랫동안 보지 못했던 옛 친구들을 다시 만나니 그야말로 만감이 교차했다. 학창 시절은 말할 것도 없고 막 대학 문을 나선 지 얼마 안 되었을 때에는 다들 의기충천했다. 주말이면 우리는 카페에 모여 수다를 떨면서 각종 기발한 아이디어를 쏟아냈다. 그러다 각자 일로 바빠지고, 결혼하고 아이도 낳으면서 점점 멀어져갔다. 모임 규모도 계속 축소되었고 공통 화제 역시 줄어들었다.

그중 꽤 괜찮은 직업에 높은 연봉을 받는 친구가 있었다. 내가 그 정도 벌면 충분한지 묻자 그 친구는 고개를 가로저었다.

"아니, 아직도 한참 멀었어."

그러면서 진지하게 말을 이었다.

"이 사회는 큰 소용돌이와 같아. 그 안에서 필사적으로 싸우지 않으면 바로 내동댕이쳐지고 말지."

또 직업이나 수입 모두 보통 수준인데 유독 취미활동을 활발하게 하는 친구도 있었다. 취미가 삶의 큰 즐거움인 건 맞지만 역시나 일상의 무게나 스트레스는 피해갈 수 없는 것 같았다. 이 밖에도 건장한 체구의 남자 친구는 고부 갈등 때문에 정신적으로 완전히 지쳐 있었다. 집안에서 싸움이 벌어질 때마다 "이혼해", "집 나갈 거야", "멀리 사라져버려" 등의 고함이 오간다고 했다.

이상하게도 내가 만나는 대다수의 사람들은 그다지 즐겁게 사는 것처럼 보이지 않았다. 한마디로 행복도가 상당히 낮았다. 그에 비해 이유는 잘 모르겠지만 나는 행복도가 비교적 높은 편이다. 이는 아마도 나의 선택과 관련이 있는 것 같다. 나는 고액의 연봉이 보장되는 일을 포기했다. 턱없이 부족한 개인 시간과 끝없이 계속되는 야근과 출장을 더 이상 견딜 수 없었기 때문이다. 그리고 창업을 해서 매일 정신없이 바쁘게 살아가고 있다. 새로운 사람을 만나고 새로운 일을 하는 게 좋고, 아침 9시에 출근해 오후 5시에 퇴근하는 갑갑한 삶에서 벗어나고 싶은 마음에 한 선택이었다. 그리고 내가 좋아하는 사람을 선택했다. 남편은 나의 행복도를 기하급수적으로 올려준다. 우리는 함께 투자를 배워보기로 결정했다. 더 많은 자유 시간과 자유로운 삶을 누리는 동시에 월급만 바라보고 사는 스트레스에서도 벗어나고 싶어서였다.

무엇보다 중요한 이유는 내가 아큐의 정신승리법을 선택했기 때문이다. 이렇게 혼자 생각하는 것이다.

'알고 보면 저 연예인보다 내가 더 예쁘고, 저 성공한 커리어 우먼보다 내가 더 실력이 있다.'

외부에서 아무리 멋진 이성과 마주쳐도 집에 돌아가면 역시나 함께 사는 이가 더 좋다. 간혹 아픈 곳이 있어서 병원에 가도 내가 불치병에 걸리지 않았다는 사실에 감사한다.

옛 친구들을 만나고 돌아오면 과거에 그렇게 뛰어났던 친구가 지금은 그냥 '평범한 대다수'에 포함된다는 사실에 만감이 교차할 때가 많다. 누구나 각자의 슬픔과 즐거움을 안고 살아가는 건 마찬가지다. 유일한 차이점이라면 일상을 살아가면서 매일, 매 시간, 매 순간 각자가 느끼는 행복감과 즐거움의 정도가 다르다는 사실이다. 물론 이는 수입이나 주변 사람과도 어느 정도 연관이 있지만 더 큰 차이를 만드는 건 바로 본인의 선택과 선택의 기준이다.

어렸을 적 〈다정검객무정검〉이라는 드라마를 보면서, 고아 소년 '아비'가 국수를 먹는 장면을 특히 좋아했던 기억이 난다. 거친 들판에서 자란 아비는 먹을 게 또 언제 생길지 장담할 수 없는 생활을 해오다 보니 귀하디귀한 국수를 한 가닥, 한 가닥 오래오래 씹으며 천천히 삼켰다. 마치 그 한 입, 한 입이 마지막 한 입인 것처럼. 사실 그건 간장밖에 들어가지 않은 맨 국수였다. 하지만 그걸 '마지막 한 입'이라 생각한다면 정말 최고로 맛있게 느껴지면서 그 맛을 결코 잊을 수 없을 것이다.

나의 옛 친구들이 이미 자신이 가진 것, 예컨대 안정된 직장이나 부족함 없는 생활, 귀여운 아이 등을 하나씩 헤아려보고 자신이 못 가진 것은 되도록 덜 부러워한다면 아마도 훨씬 더 행복하고 즐거운 삶을 누릴 수 있을 거라 믿는다. 하지만 유감스럽게도 친구들은 아직 삶의 매 순간을 만끽하는 법을 배우지 못했다. 간장뿐인 국수지만 아비처럼 천천히 음미하면서 지금 가지고 있는 것을 최대한 누리는 법을 익히지 못했다.

O
밥 먹을 때 잘 먹고, 잠잘 때 잘 자라

삶의 의미를 찾지 못해 괴로워하는 한 젊은이가 있었다. 젊은이는 20년 넘게 살면서 한 번도 진심으로 행복했던 적이 없었다. 결국 젊은이는 고향을 떠나 먼 길을 돌아서 존경하는 현자를 찾아갔다. 젊은이가 현자에게 말했다.

"저는 행복해지는 법을 모르겠습니다. 혹시 방법을 알려주실 수 있습니까?"

"무척 어려운 문제군. 답을 찾으려면 여러 날이 걸리겠네."

그러면서 현자가 덧붙였다.

"그런데 우리 집 담장이 얼마 전 무너졌다네. 바로 다시 쌓아야 하는데 그러려면 마음을 가라앉히고 생각에 집중할 시간이 있을지 모르겠네."

그러자 젊은이가 대답했다.

"그럼 담장을 새로 만드는 일은 제게 맡기십시오. 사부님은 제 문제에만 집중하시면 됩니다."

현자는 그렇게 하겠다고 했다. 그때부터 젊은이는 벽돌을 고르고, 시멘트를 바르고, 매일 바쁘게 일하느라 온몸이 욱신거릴 정도였다. 이런 일은 해본 적도 없는 젊은이가 어렵게 담장을 쌓아올렸다. 그런데 거센 바람 한 번에 그만 무너져내리고 말았다. 어쩔 수 없이 처음부터 다시 시작해야 했다. 두 번째로 만든 담장은 튼튼하긴 했지만 한쪽으로 기울어져 있었다. 세 번째 도전했을 때야 비로소 보기도 좋고 견고한 담장이 완성되었다. 이렇게 며칠간 고생한 끝에 완벽하게 담장을 쌓아올린 젊은이는 자신이 노력한 결과를 바라보며 기쁨을 감추지 못했다. 젊은이는 현자를 집 밖으로 불러내 드디어 담장이 완성됐다며 보여주었다. 그러자 현자가 말했다.

"자네는 지금껏 한 번도 행복한 적이 없다고 하지 않았나? 그런데 지금 상당히 행복해 보이는데, 그렇지 않은가?"

순간 젊은이는 멍해졌다. 그리고 다시 물었다.

"사부님, 대체 제가 지금 왜 이렇게 행복한 거지요?"

"담장을 쌓을 때 자네는 무슨 생각을 했나?"

현자가 되물었다.

"저는 그저 하루빨리 담장을 완성해야겠다는 생각뿐이었습니다. 그 외에 다른 건 생각할 겨를이 없었습니다."

젊은이가 대답했다. 그러자 현자는 미소를 지으면서 말했다.

"행복이란 바로 그런 거라네. 우리가 열심히 외쳐 부를 때에는 찾아오지 않지. 하지만 뭔가에 열심히 몰두하고 있으면 어느새 곁에 다가와 있다네."

현자의 말처럼 눈앞의 일에 집중하고 있으면 행복은 자연스레 찾아온다. 밥 먹을 때에는 잘 먹고, 잠잘 때에는 잘 자는 것이야말로 현명한 자세다. 현재에 집중하고 현재를 즐겨야 한다. 이 같은 태도를 지닐 때 삶의 진정한 행복과 기쁨을 만끽할 수 있다.

22세는 물론 33세, 44세의 사람들도 사랑하는 이와의 포옹과 키스를 매 순간 누리길 바란다. 계절에 따라 피고 지는 꽃을 마주할 때마다 매 순간 감탄의 찬사를 보내길 바란다. 아장아장 걷는 꼬마와 엉덩이를 흔들며 지나가는 강아지를 만날 때마다 매 순간 미소를 잃지 않길 바란다. 당신이 지금 가진 이 모든 것을 맘껏 누려라. 설령 이후에 그것을 잃게 될지라도 말이다.

○
내가 가진 것이 가장 좋은 것이다

한 친구가 자기 동료에 관한 이야기를 들려준 적이 있다. 그 동료는 부모님이 요리 실력도 별로이고, 또 외국에서 오래 살다 보니 중국 식당에 가서 국수 한 그릇을 먹더라도 "진짜 맛있다!"를 연발한다는 거였다. 그러면서 친구가 말했다.

"너도 알다시피 식당 밥이라는 게 다 거기서 거기잖아. 그런데 희한하게도 그 동료의 감탄사를 듣고 나면 그 음식이 그렇게 맛있게 느껴지는 거야."

이런 상상을 한번 해보자. 우리가 처음 지구에 온 외계인이라고 하자(시공을 초월해 현대로 온 고대인이라고 상상해도 좋다). 아마도 평범한 물건을 보고도 매번 깜짝 놀라며 무척이나 신기해할 것이다. 그런 우리 앞에 초콜릿이 한 개 놓여 있다. 외계 행성과 고대에는 초콜릿이란 게 없었다. 거무스레한 게 볼품없어 보이지만 맛있는 냄새가 솔솔 풍겨와 입안에 집어넣는다. 천천히 녹아드는 그 감촉, 마치 비단이 입안을 감싸는 듯 부드럽고 진한 맛, 말로 이루 다 표현할 수 없을 만큼 기막힌 맛이다. 만일 우리가 매사에 이런 마음가짐으로 임한다면 행복을 자연스럽게 느끼게 될 것이다.

예전에 2주 넘게 야외에서 생활한 적이 있는데, 그 뒤 오랜만에 집에 돌아와 뜨거운 물로 샤워할 때 느꼈던 그 행복감을 아직도 잊을 수 없다. 일주일 내내 계속된 야근과 밤샘 작업을 마치고 마침내 침대로 뛰어들었을 때의 그 편안함, 처음 초코 아이스크림을 맛보았을 때의 그 달콤함, 난생처음 패러글라이딩에 도전해 매와 나란히 날면서 느꼈던 그 자유로움도 오랫동안 기억에 남아 있다.

꿈을 이루기 위해 열심히 달려가야 하지만 내가 가지지 못한 것 때문에 너무 괴로워할 필요는 없다. 오히려 반대로 내가 지금 가진 것에 대해 깊이 감사할 줄 알아야 한다.

중국의 대표적인 SNS 웨이보에서 한참 인기를 끌었던 글이 있다.

우울한 날이었다. 집에서 나가려는데 맘에 드는 신발이 없었기 때문이다. 그런데 거리를 걷다가 문득 두 발이 없는 사람을 보았다. 만일 당신이 태어나 한 번도 전쟁을 겪지 않았다면 당신은 이미 5억 명보다 행복한 사람이다. 만일 당신이 배불리 먹고 있다면 당신은 이미 8억 명보다 행복한 사람이다. 만일 당신에게 저축해놓은 돈이 있다면 당신은 이미 92퍼센트의 사람들보다 행복한 사람이다. 내가 이미 가지고 있는 모든 것을 소중히 여길 때 행복은 찾아온다.

지금 내가 가진 그것이 가장 좋은 것이라는 사실을 잊지 말기 바란다.

○
'소확행 일기'를 작성하라

'소확행'은 소설가 무라카미 하루키가 수필집 《랑겔 한스섬에서의 오후》에서 처음 사용한 말로, 일상 속에서 '소소하지만 확실하게 느낄 수 있는 행복'을 의미하는 말이다. 삶은 긴 여정이기에 매일이 커다란 기쁨과 놀라움으로 가득 차기란 불가능하다. 하지만 열심히 찾아보면 일상에서 소소한 즐거움은 얼마든지 발견할 수 있다. 나에게 작은 감동과 기쁨을 주는 일을 하나씩 적어 내려가다 보면 어느새 내가 얼마나 행복한지 절로 느끼게 된다.

'세상에서 가장 신나는 1천 가지 이야기(www.1000awesomethings. com)'라는 블로그가 있다. 전 세계적으로 가장 사랑받는 블로그 중 하나로 선정되기도 했다. 블로그 주인은 이 블로그를 개설할 당시 많은 불행한 일을 겪고 있었다. 막 아내와 이혼했으며, 우울증에 걸린 가장 친한 친구는 결국 자살로 생을 마감했다. 하지만 그는 낙심하지 않았고 자신을 격려하는 차원에서 블로그를 열기로 결심했다. 그리고 '세상에서 가장 신나는 1천 가지 이야기'라고 이름 붙였다. 그는 그곳에 자신이 느꼈던 일상의 행복한 순간들을 기록하기 시작했다. '비 오는 날의 산책', '마트 계산대에서 가장 뒤에 서 있다가 갑자기 맨 앞에 서게 된 일' 등등을 기록하면서 점점 더 많은 일상의 즐거움과 행복을 발견하게 되었다.

행복을 느끼고 싶다면 '소확행 일기'를 꾸준히 작성해보는 것도 좋은 방법이다. 매일 기뻤던 일을 세 가지만 기록해보자. 나는 이미 이 습관을 5년째 이어오고 있다. 처음에는 쉽지 않았다. 날씨가 좋지 않거나, 일이 뜻대로 되지 않거나, 몸이 아플 때에는 온 세상이 다 원망스럽고 짜증이 나는데 소확행 일기를 어떻게 쓴단 말인가? 하지만 시간이 흐르면서 점점 더 많은 일상의 행복을 발견하게 되었다. 다음은 최근 한 달간 기록한 나의 소확행 일기다.

- 오늘 아침, 세 아이들과 함께 이불 속에서 뒹굴었다. 정말 행복하고 편안한 아침이었다.

- 공항에 도착했는데 내가 예약한 항공편이 취소되어 세 시간 뒤에 출발하는 다른 비행기를 타야 한다는 소식을 갑자기 들었다. 그렇게 공항에서 대기하다 우연히 대학 동창과 마주쳤다.

- 최근 며칠 동안 아이 둘이 계속 병원을 들락거렸는데 어제 오늘 사이에 제법 많이 좋아졌다. 지금 침대에서 새근새근 자고 있는 모습이 마냥 고맙고 사랑스럽다.

- 기차를 타고 가다가 우연히 불꽃놀이 장면을 보았다. 너무 아름다웠다.

- 오늘 식당에서 친구 생일인 것을 알고 요리를 하나 무료로 제공해주었다.

- 오늘 비가 엄청나게 쏟아져 세차비를 아꼈다.

- 네 시간 걸릴 것으로 예상했던 일이 두 시간 만에 마무리되어서 모두들 환호성을 질렀다.

- 라디오에서 내가 대학 시절 가장 좋아하던 노래가 흘러나왔다.

- 아래층 치자나무가 꽃을 피웠다. 매일 아침 그 앞을 지나갈 때마다 향기로운 꽃냄새가 코끝으로 전해진다.

3
장

30 전후,
내 인생을
설계하라

꿈은 아직 멀리 있다. 반면 우리가 마주하는 것은 좀 더 현실적인 문제들이다. 먼 곳에 있는 꿈과의 거리는 현실에서의 노력으로 좁혀가야만 한다.

중국의 동한 시기에 진번이라는 소년이 살고 있었다. 진번은 늘 자신의 원대한 이상에 사로잡혀 있었다. 그러던 어느 날 아버지의 친구가 집에 찾아왔다. 어질러져 있는 진번의 방을 본 아버지의 친구는 그에게 왜 방을 청소하지 않는지 물었다. 그러자 진번이 무심코 대답했다.

"대장부가 세상을 살아가면서 천하를 청소해야지 어찌 방을 청소하겠습니까?"

그러자 아버지의 친구가 진번을 바라보며 말했다.

"방 하나도 제대로 청소하지 못하는 사람이 어찌 천하를 청소할 수 있겠느냐?"

학습 능력을 키우면서 원하는 직업을 얻기 위해 차근차근 준비하는 것, 이것이 바로 '방을 청소하는 일'이다. 그럴 때 비로소 꿈은 현실이 된다.

내 커리어의 설계자는
바로 나다

●

아직 학생이라면 일찌감치 하고 싶은 일과 관련된 준비에 돌입하기 바란다. 만일 지금 그다지 맘에 들지 않는 일을 하고 있다 해도 걱정할 건 없다. 직장을 옮기고 직업을 바꾸는 일이 쉽지는 않지만 충실히 준비만 한다면 완전히 불가능한 일도 아니다.

나는 커리어 스펙트럼이 비교적 넓은 편이다. 대학 때 직물 디자인을 전공했지만, 졸업 후 공무원 시험에 합격해 정부 기관에서 일했다. 그런데 공무원 일이 나와 잘 맞지 않아 MBA 과정에 지원해 합격했다. 2년 동안 공부하면서 외자 은행 한 곳과 컨설팅 회사 두 곳에서 실습했고, 그 시기에 처음으로 회사를 창업했다.

공부를 마친 뒤 창업한 회사가 발전 가능성이 적다고 판단해 매각해버리고 컨설팅 업계로 뛰어들었다. 컨설팅 일을 하면서 친구와 함께 디자이너의 작품을 전문적으로 취급하는 소규모 가게 두 곳을 운영했다. 컨설턴트가 내가 꿈꾸던 직업은 아니었기에 다시 NGO로 방향을 바꾸어 그 일을 전문적으로 하기 시작했다. 이후 재테크를 통해 어느 정도 수익을 올렸다. 이와 동시에 국내에 금융 교육이 부재하다는 문제를 절실히 느껴 남편과 함께 재테크 관련 온라인 교육 웹 사이트를 만들기로 결정했다. 그것이 이제 8년째에 접어들고 있다. 처음에는 세 명이서 시작했지만 지금은 직원이 80명 넘을 만큼 크게 성장했다. 지금 우리는 매일매일 충실하고 바쁘게 생활하고 있다.

공무원에서 학생으로, 다국적 컨설팅 회사의 직원에서 NGO 창업으로, 더우반(중국의 대표 리뷰 사이트)의 인터넷 스타에서 온라인 교육 회사 사장으로 여러 차례 직업을 바꾸었다. 그러다 보니 나의 커리어는 하나의 선으로 쭉 이어지지 않는다. 대신 다방면에 걸쳐 풍부한 경력을 쌓았고, 다양한 업종의 회사나 조직에 대해 어느 정도 이해할 수 있게 되었다.

○

단계별 커리어 설계법

얼마 전 A라는 학생에게서 메일을 한 통 받았다.

저는 현재 석사 과정을 마치고 졸업을 앞두고 있습니다. 요즘 다양한 곳의 면접을 준비 중인데 많은 부분에서 어려움에 직면하고 있습니다. 무엇보다 커리어 설계가 저를 매우 곤혹스럽게 합니다. 개인적으로 저는 마케팅에 관심이 많고, 대학과 대학원에서도 관련된 분야를 전공했습니다. 다만 아직 회사 같은 사회 조직에서 실습해본 경험은 없습니다. 향후 3년간의 커리어 계획 또는 5~10년간의 계획을 세우려고 시도해봤지만 어떻게 해야 할지 몰라 막막하기만 합니다. 인터넷에서는 몇 년 후에 구체적으로 어떤 지위를 맡을지 쓰지 말고, 회사에 어떤 공헌을 할지를 중점적으로 서술하라고 조언을 하더군요. 하지만 실제로 HR(인력 자원) 담당자에게 이후 몇 년간의 커리어 계획을 구체적으로 작성해서 알려달라는 요구를 몇 번이나 받았습니다. 그럴 때마다 난감하고 괴롭기만 합니다. 저에게 꼭 필요한 조언 부탁드립니다.

커리어 설계가 졸업 예정자들만의 고민거리는 아니다. 이직을 준비하는 많은 직장인들 역시 헤드헌터나 HR 담당자에게서 "당신의 커리어 계획은 무엇입니까?"라는 질문을 자주 받는다. 가능한 일찍 원하는 직업과 관련된 커리어를 설계해보고 필요한 준비를 해나가야 한다. 그래야 실제로 취업을 하거나 이직을 할 때 출발선에서부터 앞서 나갈 수 있다.

| 커리어 설계 1단계. '내가 할 수 있는 것' 파악하기

중·고등학생이 아니고서야 '할 수 있는 것'은 이미 상당히 제한적일 수밖에 없다(그렇기에 중·고등학교에서 커리어 설계 과목을 개설해야 한다고 생각한다). 우선 나의 전공 분야(직장인이라면 업무 경험과 관련된 분야)를 고려할 필요가 있다. 그 외의 다양한 분야를 넘나드는 일은 일단 차치하고, 우선 '내가할 수 있는 것'이 무엇인지부터 진지하게 고민해보아야 한다.

A의 커리어 방향은 마케팅으로 명확하게 정해진다. 그렇다면 이제 2단계로 진입할 차례다.

| 커리어 설계 2단계. '직업 경로' 이해하기

직업 경로란 말 그대로 그 직업을 선택했을 때 걸어가게 되는 길을 의미한다. 예컨대 컨설팅 업계의 경우 처음에는 '애널리스트(analyst)'로 시작해 1~2년 후에는 '어소시에이트(associate)', 2~3년 후에는 '매니저(manager)', 3~5년 후에는 '시니어 매니저(senior manager)', 다시 3~5년 후에는 '파트너(partner)'가 되고 마지막으로 '베테랑 파트너'의 자리까지 오른다. 투자 업종도 이와 비슷한 경로를 거친다. 단지 분야나 회사에 따라 직함에 차이가 있을 뿐이다. 마케팅 업종의 경우 마케팅 팀원에서 마케팅부 매니저, 다시 마케팅 디렉터, 그리고 최종적으로는 CEO 혹은 그룹사 마케팅 디렉터가 되는 것이 일반적인 경로다.

직업의 경로를 안다는 건 직함 외에 다음 단계로 승진하는 데 걸리는 대략적인 시간과 필요한 능력, 업종별 각기 다른 승진 경로까지 파악하고 있다는 의미다. 예컨대 소비재 업종의 경우 보통 마케팅 팀원이 엄청난 실력을 지니고 있다. 만일 대기업 마케팅팀에서 3~5년간 근무한 사람이라면 작은 회사로 옮겼을 때 마케팅 팀장을 맡고도 남는다. 반면 첨단기술 업종의 경우에는 연구개발팀이 어느 부서보다 중요하다. 이 외에도 주요 마케팅 대상이 대기업 같은 큰 거래처이다 보니 소비재 업종의 마케팅 전략과는 다른 전략이 요구된다.

이 같은 정보는 어디서 얻을 수 있을까? 가장 쉬운 방법은 인터넷에서 직무설명서(Job Description; JD)를 검색해보는 것이다. 직무설명서에는 비교적 명확하고 상세하게 그 직무에 지원하는 사람이 갖춰야 할 조건들이 명시되어 있다.

또 다른 방법은 업계 관계자들과 직접 교류하는 것이다. 몇 년 전에 졸업한, 당신이 목표로 하는 업종에 먼저 취직한 선배 정도면 충분하다. 만약 현재 직장인이라면 경력이 풍부한 상사나 친구에게 물어볼 수 있다. 물론 HR 담당자와 직접 접촉해볼 수 있다면 더할 나위 없이 좋다. 해당 직무의 직원 채용 시 어떤 부분을 중점적으로 살펴보는지 들어볼 수 있기 때문이다. 이 방법의 또 다른 장점은 뜻밖의 기회를 만날 가능성도 배제할 수 없다는 점이다.

과거 어떤 프로젝트를 진행하면서 실습생이 필요했던 적이 있다. 그때 마침 나보다 2년 후배 하나가 커리어 설계에 대해 물으러 나를 찾아왔다. 이 친구는 컨설팅 업무에 흥미를 가지고 있어서 바로 실습생으로 채용해 프로젝트를 함께 진행했다. 결과적으로 이 프로젝트에 참여한 경력 덕분에

이 친구는 큰 어려움 없이 컨설팅 업계에 진입할 수 있었다.

A의 경우 대학과 대학원에서 모두 마케팅 관련 분야를 전공했기에 이 업계에서 일하고 있는 선배를 찾아가 문의하기가 훨씬 수월할 수 있다. 혹은 대학에서 개최하는 회사 채용 설명회에 찾아가 해당 직종에서 요구하는 자격 요건 등을 직접 물어보는 것도 좋은 방법이다.

A가 도움을 요청한 부분은 사실 이 두 번째 단계에서 거의 해결된다. 일정 기간 동안 관련 분야를 공부하고, 마케팅 디렉터로서의 능력을 갖춘 뒤 큰 프로젝트를 단독으로 기획하거나 진행해볼 수 있다. 이때 그 일정 기간을 '3년' 등으로 단정 지어서는 안 된다. 면접관이 5년 걸려 마케팅 디렉터의 자리에 오른 사람이라면 문제가 될 수 있다. 또한 '마케팅 디렉터의 자리'라고 말하지 말고 '마케팅 디렉터의 능력'이라고 해야 한다는 점도 명심하길 바란다.

| 커리어 설계 3단계. '무엇을 더 할 수 있을까?' 질문하기

1, 2단계를 잘 이행했다면 원하는 곳에 지원하기 위해 갖춰야 할 자격 요건이 무엇인지 분명히 이해했을 것이다. 그렇다면 이제 현재의 나의 모습과 목표로 하는 일자리에서 요구하는 자격 요건 사이의 격차를 분석해야 한다. 그리고 필요한 이론 공부와 사회 경험을 통해 그 격차를 차근차근 메꿔나가야 한다.

예컨대 A의 경우 HR 담당자에게 이런 질문을 받을 가능성이 높다.

"마케팅과 관련된 일을 실제로 해본 경험이 있습니까?"

이는 무척 중요한 부분으로 직무설명서에서도 '실전 경험'이라는 항목으로 항상 빠짐없이 언급되는 내용이다. 회사 입장에서는 당연히 경험이 전혀 없는 사람보다는 유경험자를 뽑고 싶기 때문이다. A의 경우 HR 측에서 묻는 경험이 사회 조직에서의 실습 경험만을 의미한다고는 볼 수 없다. 물론 대기업에서의 실습 경력은 무척 유용하기에 기회가 된다면 놓치지 말아야 한다. 사실 여기서 HR 측이 원하는 것은 마케팅을 실제로 이행할 수 있는 능력, 즉 마케팅 실천력이다. 이 같은 실천력은 다양한 방면에서 표출해볼 수 있는데, 그전에 해당 직무에서 요구하는 능력 및 각종 전문용어를 파악하고 있어야 한다. A의 경우 이렇게 대답할 수 있다.

"저는 대학에서 '교내 10대 가수 경연대회'를 직접 개최해본 경험이 있습니다. 먼저 10대 가수 경연대회의 타깃층을 분석해보니 대체로 활발하고 외향적인 사람들이었습니다. 이는 마케팅의 기본 중 기본인 주요 타깃층 분석에 해당됩니다. 그런 뒤 이 타깃층을 겨냥한 별도의 홍보 전략을 사용했습니다. 예를 들어 학교 홈페이지 게시판과 블로그, 커뮤니티, SNS 등의 다양한 온라인 채널을 적극 활용했습니다. 여기서 제가 사용한 홍보 전략인 소셜 네트워크를 통한 버즈 마케팅은 최근 새롭게 각광받고 있는 마케팅 기법입니다."

이 정도로 말하면 HR 담당자는 이렇게 생각할 것이다.

'이 젊은이는 뉴미디어를 통한 홍보 전략에 제법 능숙하군. 이후에 이 분

야의 인력 채용이 있으면 이 친구를 적극 고려해봐야겠어.'

이런 인상을 주었다면 기쁜 마음으로 원하던 회사에 출근할 날도 멀지 않았다고 본다.

이상의 단계별 커리어 설계 과정을 정리해보면 다음과 같다. 우선 나 자신에 대한 이해와 '내가 할 수 있는 것'을 파악하는 과정이 필요하다. 그런 다음 관심 가는 일에 대해 여러 방면으로 알아보고 '직업의 경로'도 체크해두어야 한다. 마지막으로 그 둘 사이의 격차를 파악해 그 차이를 줄일 수 있는 방법을 여러모로 모색해야 한다.

○
충분한 준비 작업은 필수다

많은 이들이 대학 전공에 대해 잘 모르는 상태에서 막연히 입학 원서를 낸다. 또 그 회사와 직무에 대해 전혀 파악하지 못한 상태에서 이력서를 제출하는 사람 역시 적지 않다. 이는 책임감 없는 행동일 뿐 아니라 성공률 역시 매우 낮다. 이제 막 대학을 졸업한 취업준비생이든 이미 여러 해의 경력을 지닌 직장인이든 모두 마찬가지다. 새로운 자리로 옮기거나 새로운 일을 구하기 전 충분한 준비 과정은 필수다.

준비 단계에서는 새로운 일과 직장에 대한 전면적이고 풍부한 이해가 필요하기에, 관련 업계 종사자를 찾아가 이야기를 나누는 것도 좋은 방법이다. 한마디로 이 업종, 이 회사의 실제 직원이 지니고 있는 정도의 지식을 갖춰야 한다.

내가 MBA 과정을 공부하던 시절, 한 유명 컨설팅 회사의 면접을 준비하던 선배가 있었다. 이 선배는 무려 83쪽에 달하는 면접 문제를 준비했다. 본인 스스로 영어 실력이 부족하다고 느낀 선배는 이 문제를 전부 영어로 바꾸고 외국인 친구의 첨삭을 받은 다음 그 내용을 모두 완벽하게 외워버렸다. 그리고 친구들 앞에서 반복적으로 모의 면접 연습까지 했다. 결과는 말할 것도 없이 원하던 컨설팅 회사에 무사히 입사했다. 83쪽에 달하는 엄청난 양의 면접 문제, 여기에 들어간 또 엄청난 양의 노력과 시간. 사실 이 정도 자세로 임하지 않으면 커리어 설계 시 겪게 되는 온갖 고난과 어려움을 극복할 수 없다.

나는 다른 사람을 면접 볼 기회가 자주 있는 편이다. 그런데 간혹 아무 준비도 없이 면접에 오는 사람들이 있다. 2차 면접 시험에서 우리 회사에 대한 질문에 전혀 대답하지 못하면 대부분 채용하지 않는다. 나는 83페이지에 달하는 우리 회사 관련 자료를 손에 쥐고, 우리 회사의 역사와 현재 상황에 대해 속속들이 알고 있는 지원자를 만나본 적이 없다. 만약 이런 지원자를 만난다면 관련 경험을 가지고 있는지 여부와 무관하게 90퍼센트 이상 채용할 계획이다.

요즘과 같은 정보화 시대에 회사의 자료를 83쪽 정도 준비하기는 그리

어렵지 않다. 관건은 그만큼 그 일에 열정이 있는가, 그만큼 노력과 시간을 들여 준비할 마음이 있는가다.

○
실전 경험이 무엇보다 중요하다

충분히 준비했다면 이미 60퍼센트는 성공했다고 볼 수 있다. 여기에서 좀 더 성공률을 높이려면 '실전 경험'을 추가하면 된다.

　MBA 과정 이수 후 나는 컨설팅 회사에 입사를 했다. 최종 면접은 그리 어렵지 않게 통과할 수 있었는데, 모두 유명 컨설팅 회사에서 실습한 경력 덕분이었다. 또한 컨설턴트 클럽의 발기인이자 주요 조직원이라는 점 역시 유리하게 작용했다. 그동안 관련 포럼이나 행사가 있을 때마다 컨설팅 회사 관계자들을 꾸준히 만나면서 일부러 전문용어를 섞어가며 그들과 대화하기도 했다. MBA 출신이고 상당 기간 실습한 경험 덕분에 취업에 성공했다면, 이후 컨설팅 회사에서 지금의 NGO로 옮길 수 있었던 이유는 이 업종에 꾸준히 관심을 가지고 여가 시간을 활용해 이런저런 활동에 참여해왔기 때문이다. 새로운 일을 접할 기회가 생겼을 때 해당 분야에 대한 이해도와 과거에 했던 유사한 경험이 내가 최종적으로 NGO 일을 선택하게 된 중요한 이유로 작용했다.

　진정 원하는 일을 하고 싶다면 그전에 관련 지식과 실전 경험을 충분히 쌓아둘 필요가 있다. 만약 그 일이 회계 분야라면 최소한 자격증 정도는 갖추고 있어야 하며, 동시에 시험을 준비하면서 알게 된 사람들과 많이 교류해야 한다. 또한 회계와 관련된 인터넷 사이트를 수시로 드나들며 정보를 얻고, 지인이 운영하는 회사의 회계 업무를 직접 맡아보는 것도 좋은 방법이다. 만약 가수로 전업하고 싶다면 먼저 전문 양성 과정이 있는지 찾아보고, 가수 콘테스트에도 참가해야 한다. 무엇보다 아르바이트로 공연 경험을 쌓는 것이 많은 도움이 될 수 있다. 이런 사람이 취업에 성공할 가능성이 높은 건 어찌 보면 당연한 이치다. 관련 분야의 경험을 차곡차곡 쌓는다면 면접을 볼 때 이미 아무것도 모르는 초보자가 아니다.

이는 두 가지 부분에서 큰 장점이 있다. 첫째, 면접관 입장에서 볼 때 이런 사람은 이미 어느 정도 실전 경험이 있기에 바로 실무에 투입이 가능하다고 생각한다. 둘째, 아직 책임도 주어지지 않은 새로운 일을 위해 이만큼 열심히 준비했다는 건 이 일에 얼마나 큰 열정을 지니고 있는지, 이후 또 얼마나 최선을 다해 임할지를 보여준다. 이 두 번째 장점이야말로 모든 회사의 운영진들이 가장 중요하게 여기는 부분이다.

○

왜 이직하려 하는가?

드디어 커리어 설계를 마쳤다. 그런데 현재 하고 있는 일이 내가 진정으로 원하던 일이 아니라는 사실을 알게 되었다면 어떻게 해야 할까?

일반적으로 이직은 바람직하지 않으며, 성공 가능성도 낮다고 보는 시각이 지배적이다. 나는 과거 몇 차례 직업을 바꾼 경험이 있는데, 그 결과 한 분야에서 오랜 경력을 쌓지 못해 단기간 내에 승진하는 것이 불가능했다. 하지만 덕분에 진정으로 좋아하는 일을 찾았고 지금도 열정적으로 일하고 있기에 이직은 위험을 감수하더라도 충분히 해볼 만한 가치가 있다고 생각한다.

현재 하고 있는 일을 좋아하지 않는 사람을 주변에서 흔히 볼 수 있다. 그렇다고 이들 모두에게 이직이 답인 것은 아니다. 지금 하는 일이 만족스럽지 못하다면 우선 그 불만족의 원인을 분석해보는 과정이 꼭 필요하다.

| 월급이 적다

만약 이런 이유라면 이직이 답이 될 수 있다. 다만 그전에 심각하게 고민해봐야 할 점이 있다. 세상에 공짜로 주어지는 건 아무것도 없다. 컨설팅 업계나 투자 은행을 예로 들어보면 연봉은 최고 수준이지만 개인 시간이 전혀 없고, 고강도의 스트레스를 견뎌야 하며, 경쟁도 상당히 치열해 누구나 할 수 있는 일이 아니다. 남들 눈에 부러워 보이는 장점은 외부인의 눈에만 그렇게 비춰지는 경우도 많다. 높은 연봉만을 바라기 전에 그에 상응하는 대가를 치를 준비가 되어 있는지부터 먼저 자문해봐야 한다.

| 발전 가능성이 없다

이런 이유라면 조금 납득하기 힘들다. 그런 직업은 세상에 없다고 생각하기 때문이다. 발전 가능성이 없다고 느낀다면 해당 업종이나 직무에 대한 이해가 부족한 것이라고 볼 수 있다. 다시 한 번 시간을 들여 업계 사람들과 진지하게 이야기를 나눠보고 관련 자료도 검색해보길 바란다. 어느 분야나 최고의 실력을 인정받는 인재나 최고 수준의 연봉을 받는 이들이 있기 마련이다. 꾸준히 노력해나간다면 언제나 미래는 있다.

| 나의 성격 혹은 흥미와 맞지 않는다

이 역시 이직의 이유가 될 수 있다. 단, 이직은 언제나 대가가 따르는 법이다. 지금 바꾸고자 하는 일이 내가 하고 싶은 일이 확실한지 고민하고 또 고민해봐야 한다. 관련 자료도 폭넓게 검색해보고, 실제 그 업계 종사자를 찾아가 상담도 받아보자. 한마디로 쉽게 결정해서는 안 된다는 말이다. 한 번 쏘아버린 화살은 절대 되돌릴 수 없다.

내가 이직을 택한 이유는 단 한 가지였다. 새로운 일이 진심으로 좋아서였다. 월급이 적고, 미래가 불투명하고, 심지어 나와 맞지 않는다 해도 그 일이 정말 하고 싶었다. 그 일로 이직한다면 매일 신나게 출근할 수 있을 것 같았다.

MBA 과정을 이수하고 컨설팅 회사를 선택한 데에는 물론 높은 연봉이 주요 요인으로 작용했다. 당시 HSBC(홍콩·상하이 은행)에도 합격했는데 그곳으로 가면 더 높은 연봉이 보장되었다. 그럼에도 컨설팅 일을 선택한 이유는 업무상 빠른 습득과 학습에서 오는 성취감을 즐겼기 때문이다. 컨설턴트는 짧게는 한 달, 길어도 6개월이 넘지 않는 기간 안에 모든 수단과 방법을 동원해 그 업종과 관련된 지식을 신속하게 학습하고, 해당 회사의 현재 상황을 정확하게 파악해야 한다. 그 과정에서 문제를 찾아내고 개선 방안을 제시해야 한다. 이 같은 엄청난 속도의 학습 능력은 다른 업종에서는 기를 수 없는 부분이다.

그렇게 3년이 지난 후 끝도 없이 반복되는 야근과 출장을 더 이상 견딜수 없었고, 내가 진정으로 흥미를 느끼는 분야가 NGO와 창업이라는 사실을 깨달았다. 그리고 한 치의 망설임도 없이 기존의 절반에도 못 미치는 연봉을 받는 NGO를 선택하고 창업에 뛰어들면서 전부 다 밑바닥부터 다시 시작해야 했다.

과거 중국 기업가 포럼에 참여한 적이 있다. 그곳에서 만난 많은 기업계의 원로들은 창업할 당시 매일 16시간 넘게 일하면서도 피곤한 줄 몰랐다고 한목소리를 냈다. 그 일을 정말 열정적으로 사랑했기 때문이다.

그 일을 진심으로 좋아하는가? 이직의 진짜 이유는 바로 이것이어야 한다. 내가 이직해야 할 이유를 분명히 파악했다면 이제 앞서 언급한 커리어 설계의 절차에 따라 한 걸음씩 그 길로 걸어가자.

삶의 변화를 이끄는
독서의 기술

독서는 어려서부터 이미 반평생을 해왔으며, 앞으로 또 반평생 해야 할 일이기도 하다. 옛말에 "배운 것을 실제로 활용해야 한다(學以致用, 학이지용)"는 말이 있다. 독서를 해야 하는 이유는 안목을 넓히고 세상을 이해하기 위해서이기도 하지만, 나의 변화를 이끌어내기 위한 목적이 훨씬 더 중요하다.

읽었던 책을 다시 읽고, 게으른 독서를 하는 등 독서를 잘하는 데에도 다양한 기술이 존재한다. 이 점을 잘 알고 활용한다면 독서를 통해 진정한 삶의 변화를 이끌어낼 수 있을 것이다.

○
쓸모 있는 독서법

나는 이런 이야기를 자주 듣는다.

"틈틈이 책을 많이 읽으시네요!"

뿌듯한 마음이 들려는 찰나, 근심 섞인 말이 이어진다.

"그런데 책을 많이 읽는 게 정말 쓸모가 있나요?"

'독서가 정말 쓸모 있어야 하는가?'라는 문제는 잠시 접어두고 일단 이렇게 가정해보자. 우리가 책을 읽는 목적은 의문에 대한 답을 얻고 의혹을 풀기 위해서다. 크게는 생명이나 우주에 대한 궁금증을 해결하고, 작게는 어떻게 물을 끓이고 밥을 해야 하는지, 어떻게 걷고 말해야 하는지를 알기 위해서다. 만일 독서가 정말로 이런 역할을 한다면 어떻게 책을 읽어야 '쓸모 있는' 독서가 되는 것일까?

독서는 크게 '앎(知)'을 위한 독서와 '행동(行)'을 위한 독서로 나눌 수 있다. 어떤 책에서는 이를 이론적 독서와 실천적 독서로 구분하기도 한다. '앎'을 위한 독서란 우리의 시야를 확장시켜주는 이론이 담긴 책을 읽는 것을 말한다. 이는 읽다 보면 마치 황량한 사막을 지나다가 갑자기 탁 트인 바다를 만났을 때처럼 놀라고 감탄하면서 깊은 깨달음을 얻게 되는 책이다. 반면 '행동'을 위한 독서란 기술이나 방법을 알려주는 도구로서 책을 읽는 것을 의미한다. 계란볶음밥을 할 때 생쌀을 넣으면 안 된다는 사실을 요리책을 통해 처음 알게 되는 경우다.

이들 간에는 어쩔 수 없이 대립이 존재한다. 앎을 중시하는 편에서는 매일 책을 한 권씩 읽는다는 사람들에게 그러면《순수이성비판》이나《로마제국 쇠망사》같은 책도 어디 한번 하루 만에 읽어내보라고 으름장을 놓는다. 이는 실용주의를 경시하는 태도다. 반면 행동을 위한 독서를 주장하는 이들은 그런 상대방을 '아무 쓸모도 없는 공리공론주의자'로 치부해버리곤 한다.

개인적으로 나는 행동을 중시하는 쪽에 속한다. 단, 행동만 있고 앎이 없는 것은, 근본은 버리고 부분만 추구하거나 부분에 눈이 가려져 전체를 보지 못하는 것과 다름없다고 생각한다. 예컨대 시중에 넘쳐나는 시간 관리에 관한 책들은 한목소리로 시간을 효율적으로 사용해야 한다고 주장한다. 이런 경우 행동을 중시하는 사람이라면 밤낮으로 책에 나오는 기술을 연구하여 바로 실행에 옮길 것이다. 그런데 대체 왜 시간을 효율적으로 써야 하는지 생각해본 적이 있는가? 시간별로 하는 일이 많을수록 정말 좋은 걸까? 그렇게 해서 도달하고자 하는 인생의 목표는 무엇인가? 만일 방향이 틀렸다면 '잘못된 길을 열심히 달리는 것'이나 다름없지 않을까?

반대로 앎만 있고 행동이 없다면 헛된 이론이나 논의에 그칠 수밖에 없다. 전공학자가 아니고서야 사막에서 사는 사람이 열대우림에 서식하는 수목의 종류를 설명하는 책을 열심히 읽는 게 무슨 소용이 있겠는가. 이런 책이 우리 삶의 어떤 의혹을 풀어줄 수 있을지는 미지수다.

책을 분류하는 문제가 해결됐다면 하나 더 중요한 문제가 남아 있다. 앎을 위한 책이든 행동을 이끌어내는 책이든, 그 안의 지식을 온전히 나의 것으로 만들기 위해서는 어떻게 해야 할까? 주변을 살펴보면 책을 한 번 읽고 다시는 들춰보지 않는 사람들이 부지기수다. 이는 학교에서 교과서를 한 번 보고 버리던 습관 때문이기도 하다. 또한 책을 모두 읽을 때까지 단 한 줄의 메모도 남기지 않는 사람들도 적지 않다. 그리고 책을 읽다가 공감이 가거나 '쓸모 있는' 부분을 발견하면 책에 나오는 그대로 따라 하는 이들 역시 매우 많다.

나의 경우 심심풀이로 보는 책을 제외한 대부분의 책은 읽으면서 항상 필기를 하는 편이다. 어떤 책은 총 다섯 번을 읽고 그중 필기를 세 번 하기도 했다. 여기서 말하는 필기란 책의 중요 내용을 발췌하는 것을 의미하지 않는다. 나만의 논리에 따라 저자의 생각과 지식을 새롭게 재구성해 서술하는 것을 말한다. 그러면 그 책은 더 이상 저자의 것이 아니라 내 지식의 일부로 온전히 자리 잡게 된다.

나는 먼저 종이에 필기한 후 스캔해서 컴퓨터 파일로 저장한다. 마인드맵 구조를 활용하며, 검은색 펜으로는 발췌한 내용을 적고, 중요한 부분에는 연보라색 펜으로 선을 그어 표시해둔다. 여기서 가장 핵심이 되는, 책을 읽으면서 내가 느낀 바나 이후 활용 가능한 부분은 빨간색 펜으로 기록한다. 예를 들어《목마르기 전에 우물을 파라》라는 책을 읽은 적이 있는데, 대인관계 형성 및 유지 방법에 관한 책이었다. 일단 검은색 펜으로 대인관계

를 컴퓨터 파일로 만들어 관리하라는 내용을 옮겨 적었다. 그런 다음 붉은
색 펜으로 나의 실천 계획을 다음과 같이 작성했다.

'파일 만들기! 이번 주에 기초 작업을 시작한다. 매년 친구들의 선물을
위한 예산을 따로 남겨놓는다.'

이 계획대로 만든 온라인 주소록을 지금도 가지고 있다. 그 안에는 친구
들의 생일과 주요 기념일이 빠짐없이 기록되어 있다. 이는 책에서 얻은 정보
나 지식을 나의 실제 상황에 바로 적용한 예에 속한다. 이런 경우가 바로 행
동을 이끌어내는 독서다. 읽는 이의 실제 삶과 연관되고, 실제 행동의 변화
를 일으키는 진정 쓸모 있는 독서다. 지금 당신이 읽고 있는 이 책도 행동을
이끌어내는 내용으로 대부분 채워져 있다. 당신의 실제 상황과 관련지어 진
정으로 삶의 변화를 가져오는 것이야말로 이 책의 가장 중요한 의미다.

○
읽었던 책을 다시 읽어라

이미 읽은 적 있는 책 중에서 내용이 좋은 책은 다시 읽는 것이 좋다. 그 이
유는 다음의 세 가지로 정리할 수 있다.

첫째, 책을 고르는 수고를 덜 수 있다. 읽었던 책을 다시 읽으면 수고를
덜 수 있다는 말은, 새롭게 좋은 책을 선택하는 데 들이는 에너지를 절약할
수 있다는 뜻이다. 누구나 시간과 에너지를 투자해 책을 읽기 전에 먼저 투

입 대비 산출량을 따져보게 되어 있다.

옛날 사람들은 일단 '책을 펼치면 이로움이 있다'고 생각했다. 그 이유는 옛날에는 책의 양 자체가 적었고, 내용이 일정 수준이 안 되면 맘대로 책으로 엮을 수 없었기 때문이다. 그렇기에 어렵게 구한 책은 무조건 펼쳐봐야 하는 게 당연했다. 하지만 오늘날 우리는 정보가 넘쳐나고, 오히려 그로 인한 정보 공해가 문제시되는 시대를 살고 있다. 이제 책 한 권을 골라 펼치는 일은 더 이상 간단한 문제가 아니다.

일단 새로운 책을 마주하면 대중적인 평가부터 신경 써서 살펴야 한다. 그런데 사람마다 취향이 천차만별이기에 다른 사람이 좋다고 한 책이 반드시 내 입맛에 맞으리라는 보장은 없다. 대중의 평가는 그저 참고사항일 뿐이다. 이 외에 서문과 후기도 대략적으로 살펴보고, 목차나 작가의 인지도도 체크해본 다음 이 모두를 종합적으로 판단하여 이 책을 펼칠지 말지를 최종 결정하게 된다. 이와 같은 번거로운 과정이 읽었던 책을 다시 읽을 때에는 전혀 필요 없다. 읽은 적 있는 좋은 책은 이처럼 귀찮은 과정을 확실히 건너뛰게 해준다. 책장을 훑어보거나 컴퓨터를 켜기만 하면 이전에 읽었던 좋은 책이 그 즉시 눈앞에 등장한다.

둘째, 시간을 절약할 수 있다. 10만 자에 달하는 소설을 처음 읽을 때에는 제아무리 빨리 읽는 사람이라도 여가 시간만 활용할 경우 일주일은 족히 걸린다. 천천히 읽는다면 몇 개월씩 그 책 속에서 헤매고 있을 수도 있다. 하지만 다시 읽을 때에는 최대 3분의 1 정도의 시간밖에 걸리지 않는다.

예전에 30만 자 정도 되는 책을 다시 꺼내 읽은 적이 있는데, 읽기 시작한 지 반나절 만에 완독했다. 계산해보면 한 시간에 평균 5만 자를 읽은 셈으로, 처음 읽을 때라면 절대 불가능한 일이다. 이는 소설의 경우에 해당되며 일반 대중서는 훨씬 더 빨리 읽을 수 있다.

바바라 민토의 《논리의 기술》을 처음 읽을 때에는 2주일 이상이 걸렸다. 읽으면서 책에 설명되어 있는 방법대로 PPT를 몇 페이지에 걸쳐 만들어보기도 했다. 하지만 두 번째, 세 번째 읽을 때에는 대략적인 내용을 모두 훑어보는 데 10분도 채 걸리지 않았다.

가장 중요한 이유가 바로 세 번째다. '온고지신(溫故知新, 옛것을 익혀 새것을 앎)'을 실천할 수 있다. 물론 새 책을 보면 새로운 지식을 얻을 수 있다. 하지만 새 책의 '새로움'과 읽었던 책의 '새로움'은 엄연히 다르다. 새 책에서 습득한 새로운 지식과 관점이란 대부분 작가가 쓴 그대로를 말한다. 반면 읽었던 책을 다시 읽다 보면 행간의 의미를 재발견할 가능성이 훨씬 높다. 이는 새 책을 읽을 때에는 거의 경험할 수 없는 일이다.

《홍루몽》은 내가 가장 많이 본 책으로 최소한 열 번 넘게 읽었다. 처음 읽을 때에는 화려하게 전개되는 줄거리와 배경 묘사에 푹 빠져 섬세한 문체의 변화는 미처 깨닫지 못했다. 그 뒤로 여러 차례 다시 읽으면서 비로소 작가가 사건의 진행 과정을 상세히 묘사한 부분이 있는가 하면, 비판적인 태도로 오직 객관적 사실만을 기록한 부분도 있다는 사실을 알게 되었다. 이 외에 앞뒤 맥락이 맞지 않는 부분도 눈에 들어왔는데, 아마도 판본 자체의 오류이거나 후대인들이 잘못 해석한 것으로 추측된다. '온고지신'은 이런 식으로 표현되기도 하는데, 개인의 경험이나 견문이 깊어짐에 따라 책은 완전히 다른 모습을 보여준다.

로버트 기요사키의 《부자 아빠 가난한 아빠》가 막 출간되었을 때에는 저자의 획기적인 발상에 놀라면서 신나게 읽어 내려갔다. 그 후 다시 꺼내 읽을 당시 나는 창업을 준비하고 있었는데 책 속의 한마디, 한마디가 금과옥조처럼 소중하게 여겨지면서 완전히 새롭게 다가왔다. 그리고 얼마 전 다시 읽을 때에는 그때와 또 다른 맛이 느껴졌다. 물론 사고의 전환이 더없이 중요하긴 하지만, 얼마나 강한 추진력을 지녔느냐가 관건이라는 생각이 들었다. 만약 그동안 내가 이런저런 일을 겪지 않았다면 이 책은 나에게 이렇게 다양한 면모를 보여주지 못했을 것이다. 이 같은 경험이 가능했던 데에는 이 책이 훌륭한 저작인 이유도 있지만, 나 자신이 과거와 비교해 더 많은 것을 이해하고 음미할 수 있게 성장했기 때문이다.

현재 나는 '읽었던 책을 다시 읽자'를 가장 중요한 독서 신조로 삼고 있다. 이따금 책장을 정리하면서 현재 내 심리 상태에 꼭 맞는 책이 눈에 띄면 다시 꺼내 읽곤 한다. 그리고 나의 전자책 폴더에는 '다시 읽어야 할 책' 목록이 저장되어 있다.

여기서 주의해야 할 부분은, 다시 읽는 책은 반드시 좋은 책이어야 한다는 것이다. 물론 이전에 읽었던 안 좋은 책을 비판하기 위해 다시 읽는 경우는 예외일 것이다.

○
게으른 독서를 하라

어려서부터 우리는 항상 근면, 성실해야 한다고 교육을 받았다. 심지어 옛날 사람들은 이를 몸소 실천해 보이기까지 했다. '옛날 사람들은 공부하다 졸음이 오면 줄로 머리카락을 들보에 매달고 송곳으로 자기의 허벅지를 찔렀다', '진나라 차윤은 반딧불로 글을 읽고, 손강은 눈(雪)의 빛으로 글을 읽었다'고 전해진다. 엄밀히 따지면 전자는 아동학대에 해당하며, 후자는 자연환경 파괴 행위인 동시에 근시를 유발할 수 있다. 사실 이렇게까지 하면서 책을 읽는다면 어딘가 문제가 있는 사람일 것이다.

나는 게으른 독서를 권한다. 책은 하늘의 별만큼이나 많다. 당신이 이미 읽은 책이 셀 수 없을 정도라면 아직 보지 못한 책은 수천수만 권에 이른다. 읽었던 책을 다시 읽는 것도 하나의 방법이긴 한데, 그럼 아직 읽지 못한 책은 어떻게 해야 할까? 이때 필요한 것이 바로 게으른 독서다.

첫째, 시간의 손을 빌리자. 시간이라는 체로 의미 없는 책을 걸러내자. 그렇게 걸러지고 또 걸러지면서 오랜 세월 검증된 책인 고전을 읽는 것이다. 고전이 오랫동안 많은 사람들에게 널리 읽히는 데에는 분명 이유가 있다. 그렇기에 우리는 시간이 알아서 무의미한 책들을 도태시킬 때까지 그저 기다리기만 하면 된다. 또 몇 쇄까지 찍었는지, 몇 번째 판본인지 확인해보면 좋은 책을 고르는 데 확실히 도움이 된다.

경영학 분야의 고전은 읽으면 읽을수록 새롭게 느껴진다. 관련 분야의 최근 베스트셀러는 너무 길지 않으면 적당히 훑어보는 것만으로도 충분하다. 그래야 베스트셀러에 열광하는 이들과 대화할 때 이야깃거리가 떨어지지 않는다. 그런데 그런 책이 너무 두껍고 읽는 데 시간과 노력을 많이 투자해야 할 것 같다면 일단 게으름을 부려보길 권한다. 시간이 흘러 파도와 풍랑이 지나가고 나면 결국 오래도록 읽힐 훌륭한 책이 게으른 자의 손에 남게 될 것이다.

둘째, 타인의 손을 빌려 책을 읽자. 게으른 독서가 지닌 또 하나의 장점은 대중의 힘을 빌릴 수 있다는 점이다. 특정 분야의 책을 선택할 때 그 분야 전문가들의 서평과 유명 인사의 추천 여부를 꼭 확인해보는 것이 좋다. 물론 간혹 잘못된 평가도 있을 수 있지만 대체로 다수가 긍정적으로 평가하는 책은 한 번쯤 읽어볼 만하다.

가능하면 내용 소개나 본문의 일부를 읽어보는 것도 좋은 방법이다. 책도 사람과 마찬가지로 자기만의 독특한 분위기를 가지고 있다. 떨어지는 나뭇잎 하나에도 가을이 왔음을 알 수 있는 것처럼 짧은 단락 하나에도 저자의 문체나 품격이 드러나기 마련이다. 책을 사기 전 서문과 후기를 훑어보는 방법도 추천할 만하다. 서문에는 이 책의 가장 핵심 내용이 간결한 언어로 요약되어 있는 경우가 많아 책을 고르는 데 들어가는 시간과 에너지를 어느 정도 절약할 수 있다.

《펠로폰네소스 전쟁사》라는 책의 경우 역자 서문이 10쪽이 넘는다. 서문

을 다 읽으면 책의 전체적인 배경과 맥락이 이미 머릿속에 다 들어올 정도
다. 바로 이것이 타인으로 하여금 나를 대신해 책을 읽게 하는 방법이다. 그
런 다음 내가 좋은 책만 골라 읽는다면 그것이 바로 게으른 독서이고 즐거
운 독서다.

셋째, 이해하기 어려운 책은 더더욱 게으르게 읽자. 책 내용이 이해가 되
든 안 되든, 억지로 계속 읽는 이들을 주변에서 많이 봤다. 그리고 책의 내
용을 그대로 읊어대면서 마치 지식이 넓고 학문이 깊은 사람인 것처럼 보
이려 애쓴다.

몇 년 전에 사놓은 헤겔의 《역사 철학 강의》라는 책이 있다. 당시 어떤
천재에게 홀려서 유명한 철학자들의 명작만 마구 사 모았다. 그런데 아무
리 읽어도 매번 100쪽을 넘기기 힘들었다. 이 책만 펼치면 그렇게 잠이 쏟
아졌다. 그러다 그 천재에 대한 존경심이 한풀 꺾이자마자 바로 한쪽 구석
에 방치되었다. 이후 '중국사 개요'에 관한 책을 몇 차례 읽으면서 비로소
중국 역사의 큰 흐름을 어느 정도 이해하게 되었다. 그 뒤로 역사 관련 책
을 찾아 읽으면서 역사를 거시적 관점에서 좀 더 조직적으로 볼 줄 아는 눈
을 지니게 되었다. 그 책들은 역사적 사건에 대한 나만의 시각과 역사를 이
해하는 능력을 갖추는 데 도움을 주었다. 최근에는 변증법적 사고에 근거
하여 역사를 해석하는 눈을 조금씩 키워가고 있다. 그러다 얼마 전 《역사
철학 강의》를 다시 펼쳐보았다. 그런데 이렇게 쉬웠나 싶을 정도로 막힘없
이 술술 읽혔고, 소설처럼 흥미진진하게 느껴지기까지 했다.

책을 읽어도 이해가 안 되는 이유는 아직 나의 수준이 거기에 미치지 못했기 때문이다. 마치 아직 이도 나지 않은 아기에게 사탕수수를 깔아먹으라고 하는 것과 마찬가지다. 그러면 결국 사탕수수는 맛보지 못할 뿐 아니라 잇몸까지 망가질 수 있다. 더욱 심각한 문제는 그로 인해 음식 자체에 대한 흥미를 상실할 수 있다는 점이다. 많은 이들이 갈수록 책을 읽지 않는 이유가 어려서부터 이처럼 잘못된 방법으로 독서를 강요받았기 때문이다. 여기서 게으른 독서를 하라는 말은 이해가 안 되는데도 덮어놓고 읽지 말고, 차근차근 쉬운 책부터 단계를 밟아가다 보면 어느새 어려운 책도 읽을 능력이 저절로 키워진다는 뜻이다. 결과적으로 이 같은 게으른 독서야말로 가장 현명한 독서인 것이다.

○
꼭 책에서만 배우는 건 아니다

초등학교 2학년 때 태어나 처음으로 작문을 했다. 중국 쓰촨성 러산에 있는 중국 최대 규모의 석불인 러산대불에 관한 글이었다. 지금 생각해보면 무척 식상한 내용인데, 대략 '그 위에 100명이 올라가고도 남을 만큼 발바닥이 거대하다' 등과 같은 글이었던 것 같다. 하지만 그 순간만은 진짜로 그렇게 느꼈다. 고개를 들어 그 거대한 몸을 우러러 보았고, 손발을 모두 동원해 열심히 그 발등 위로 기어 올라갔다. 많은 사람들이 손에 손을 잡고 그 발가락 한 개의 길이를 재던 모습도 지켜보았다. 그 어마어마한 모습이 당시 어린 나에게는 엄청난 충격이었기에 오롯이 글로 남긴 것이다.

어렸을 때부터 부모님은 나를 위해 잡지와 그림책을 많이 사주셨다. 그런데 만일 이 책들만 들여다봤다면 나의 첫 번째 작문은 탄생하지 못했을지 모른다. 선생님의 특급 칭찬도 받지 못했을 것이며, 그 결과 읽고 쓰는 일에 흥미를 갖지도 못했을 것이다.

MBA 과정을 공부하던 시절, 한 선배가 특정 교수에 대해 수업을 너무 쉽게 진행하려 한다며 불만을 늘어놓았다.

"일단 우리에게 게임을 시켜. 그런 뒤 서로 평가해보라고 하고 끝이야. 수업 준비도, 과제 검사도 할 필요가 없으니 그 교수는 얼마나 편하겠어."

실제로 그 교수의 수업을 듣게 되었을 때 반 전체가 만반의 경계 태세를 갖추었지만 결국 교수가 이끄는 대로 한바탕 즐기곤 했다.

어느 날은 교수가 우리를 여러 팀으로 나눈 다음 교육센터 안을 돌아다니며 설계나 관리상에 불합리한 점은 없는지 찾아보라고 했다. 한 시간도 채 안 되어 모든 팀이 최소 예닐곱 개의 불합리한 점을 발견했고, 그 결과를 PPT로 만들어 발표했다. 그 노교수는 줄곧 뒷짐을 지고 한쪽 편에 서서 미소 띤 얼굴로 바라보기만 할 뿐 별다른 말을 하지 않았다. 한참 시간이 지난 후에야 이것이 바로 '체험식 교수법'이라는 사실을 알게 되었다.

그 교수는 인적자원관리 전공 교수였는데, 관련 업계에서는 제법 이름난 전문가였다. 또한 심리학 박사 출신으로 어떤 경험이 학습자로 하여금 지식을 가장 확실하게 이해하고 기억하게 하는지 누구보다 잘 알고 있었다. 그 교수의 수업 시간은 확실히 즐거웠다. 학생들은 다양한 상호작용 게임을 한 뒤 팀별로 경험을 종합해보고, 마지막으로 서로에 대한 평가를 통해 다른 팀의 부족한 점을 지적해주었다. 모든 교과 과정은 자발적이고 자유로운 분위기 속에서 이루어졌다. 수업 내용은 교재와는 크게 관련이 없었지만, 그 내용을 두고 모든 학생들이 3일 밤낮으로 토론을 벌이기 일쑤였다. 이후에 나는 교육 관련 회사를 창업하면서 그 교수가 가르쳐준 게임을 자주 활용했고 매번 큰 효과를 거두었다.

2년간의 MBA 과정 동안 이와 같은 교수법을 활용하는 내국인 교수는 거의 못 본 반면, 외국인 교수들은 이 방식을 자주 사용했다. 한 시간 반의 수업 시간 동안 교수가 강의하는 시간은 통틀어 40분을 넘지 않았고, 대부분의 시간 동안 우리끼리 팀을 짜서 서로 한 치의 양보도 없는 '싸움'을 벌였다.

유통물류 수업 시간에는 유명한 비어 게임(beer game, 맥주 공급을 통하여 생산과 분배의 시스템을 알아보는 시뮬레이션 게임)을 했고, '게임 이론(game theory, 한 사람의 행동이 다른 사람의 행동에 영향을 미치는 상황에서 의사결정이 어떻게 이루어지는지 연구하는 이론)'을 공부하면서는 모두들 '죄수의 딜레마'에 빠져 괴로워했다. 교재와 참고자료만으로 공부했다면 이런 추상적인 이론을 지금까지 이렇게 분명하게 기억하지는 못했을 것이다. 더군다나 '스스로 사고하고 탐구하고 성찰하는 태도'는 전혀 익히지 못했을 수도 있다.

생각해보면 가장 열심히 공부한 때는 당연히 처음 창업을 하던 시기였다. 아직 MBA 과정을 듣던 중에 교육 관련 회사를 설립하기로 마음먹었는데 상품 설계부터 홍보, 고객 상담, 마케팅 등에 이르기까지 그야말로 할일이 산더미였고 어느 것 하나 쉽지 않았다. 정신없이 자료를 검색하고, 경험자들을 찾아가 조언을 구하는 것 외에 스스로 사고하고 시행착오도 겪으면서 최종적으로 이 모든 경험이 나를 천천히 한 걸음씩 나아가게 만들었다. 그 결과 점점 더 좋은 상품을 개발할 수 있었고 고객들의 만족도도 높아졌다. 그야말로 '배움'과 '활용'의 긴밀한 결합이었다. 각각의 지식이 학습, 사고, 실천, 종합이라는 네 단계를 거치면서 진정으로 내면화되고 나의 유용한 능력으로 자리 잡은 것이다. 이 같은 '학습 피라미드'에서는 학습을 수동적 학습과 참여적 학습으로 나눈다.

수동적 학습에는 강의 듣기, 읽기, 시청각 수업 듣기, 시범 강의 보기가 포함된다. 이 중에서 읽기의 경우 학습한 내용이 학생들의 기억에 남는 비율은 10퍼센트밖에 되지 않는다. 반면 참여적 학습에는 집단 토의, 실제 해보기, 서로 설명하기가 해당되며 기억에 남는 비율은 집단 토의가 50퍼센트, 실제 해보기가 75퍼센트, 서로 설명하기는 무려 90퍼센트에 이른다. 실제 해보기를 통해 학습자의 기억에 남는 학습 내용은 읽기의 무려 7.5배인 것이다. 그리고 만일 블로그를 개설해서 나의 경험을 타인과 나눈다면 그 효과는 90퍼센트로 올라가고, 읽기의 아홉 배에 달한다. 이로써 앞으로 우리가 어떻게 학습해야 할지는 이미 정해진 것이나 다름없다.

| 학습 효율을 높이는 법

역사 학습: 특별히 관심이 가는 역사 문제에 관해 탐구적 성격의 글을 작성한 후 인터넷상에서 다른 이들과 토론해본다. 또는 시대를 초월한 짤막한 역사 이야기를 완성해본다. 예컨대 어떤 시대의 역사적 인물과 사건을 당시 사람들의 관점에서 어떻게 바라볼지 생각해본다.

프로그램 학습: 한 달 안에 완성할 수 있는 프로그램을 직접 설계해본다. 예컨대 간단한 응용 프로그램이나 인터넷 사이트, 미니 게임 등의 설계를 시도해볼 수 있다.

영어 학습: 특별히 맘에 드는 글이나 업무상 필요한 글을 골라 한 달 안에 영어로 번역해본다. 그런 다음 인터넷에 올려 다른 이들의 도움을 받아가며 수정한다.

투자 학습: 투자하고 싶은 상장회사 몇 군데를 골라 회사의 실적에서부터 재무제표까지 전면적으로 상세하게 분석해본다.

사랑도
설계가 필요하다

첫눈에 반하는 사랑 혹은 운명적 사랑을 믿는 이들도 많이 있다. 하지만 나는 사랑에도 설계가 필요하다고 믿는다. 이상적인 상대를 찾는 일이 인생의 중요한 과제 중 하나라고 생각한다면 이를 위해 많은 시간과 노력을 들여 충분히 준비할 필요가 있다. 하늘은 우리를 위해 이상적인 사람을 창조해줄 뿐 그 사람을 만나는 일은 온전히 우리의 몫이다.

솔로에서 벗어나는 7가지 실전 전략

나는 일명 '중매쟁이' 운명을 타고났다. 누군가를 결혼에 골인시키는 건 큰 덕을 쌓는 일이기에 이를 통해 다른 죄를 면제받을 수 있을 거라는 생각에서부터 시작된 일이었다. 성공한 중매쟁이로서 솔로 탈출에 확실히 도움이 되는 실전 전략을 제시해보겠다.

| 목표 대상의 기본수를 늘려라

만일 일상적으로 접하는 이성의 수가 한 자릿수라면 마음에 드는 상대를 찾을 가능성은 사실상 막막해진다. 이럴 때 방법은 목표 대상의 수를 늘리는 것뿐이다. 통계학적으로 표본수를 늘리는 것은 어떤 영역에서든 진리다. 늘 결혼 상대를 못 찾겠다고 한탄하는 이도 사람들이 많이 모이는 곳에서라면 어쨌든 많은 이성과 마주칠 수 있으니 일단 사람들이 많은 곳으로 나가야 한다.

| 선택의 영역을 넓혀라

한 사회학자가 1974년 통계 데이터를 근거로 '직장 구하기'라는 제목의 논문 한 편을 발표했다. 그에 따르면 취업시장에 뛰어든 사람 중 56퍼센트 이상이 개인적인 관계를 통해 직장을 구하는데, 그 가운데 취직에 도움을 주는 사람과 '얄팍한 사회적 관계'를 맺고 있는 경우가 55.6퍼센트라고 한다. 다시 말해 도움을 준 사람과 '아주 가끔' 만나는 관계라는 뜻이다. 그 이유는 간단하다. 친분이 두터운 사람은 나와 거의 비슷한 사회적 관계망 속에 놓여 있기에, 그 사람이 발견한 취업 기회라면 이미 당신 눈에도 띄었을 가능성이 높기 때문이다.

같은 이유로 결혼 상대를 찾을 때에도 어느 정도의 '영역 넘나들기'가 필요하다. 통계학적으로 표본수는 증가했지만 하나의 영역에 집중된 것보다 표본수는 동일하지만 영역을 다양화하는 편이 훨씬 효과적이다. 예컨대 사람을 뽑을 때 한 지역에서만 모집 광고를 내서 100명의 지원자를 받는 것보다는, 전국 열 개 지역에 두루 광고를 내서 각 지역마다 열 명의 지원자를 구하는 편이 훨씬 효과적일 수 있다.

보통 자신에게 가장 중요한 핵심 그룹은 하나인 경우가 많다. 직장인이라면 '직장 동료들'일 것이고, 공부하는 학생이라면 '같은 반 학생들'일 가능성이 높다. 이 영역을 확장시키는 게 필요한데 그중 취미 분야가 가장 적당하다. 예컨대 투자 동호회나 스포츠 동호회, 봉사 활동에 참여해야 한다. 과거 JA에서 자원봉사 교육을 받을 당시 이곳에서 인연을 만났다는 이야기도 많이 들었다.

| 목표 대상이 집중된 곳을 찾아가라

쓸데없는 곳에 에너지를 낭비하지 않길 바란다. 연인이나 결혼 상대를 찾을 목적으로 동호회에 가입했다면 목표 대상이 실제로 그곳에 있는지 여부를 꼭 확인해야 한다.

만일 여성인데 '패션 디자인 동호회'에 참가한다거나, 남성인데 '레알 마드리드 열성 팬클럽'에 들어갔다면 평생 독신으로 살 확률이 높다. 반면 남성의 경우 요리학원에 등록한다면 그가 만나는 사람은 대부분 여성이다. 여성의 경우 남성 비율이 비교적 높은 '재테크 소모임' 같은 곳에 참여한다면 그곳에서 인연을 만날 가능성이 높다.

| '마당발'을 찾아라

말콤 글래드웰의 《티핑 포인트》를 보면 이런 부류의 사람들이 꼭 있다고 한다. 유난히 많은 사람들을 알고 있고, 다양한 이들과 끊임없이 관계 맺기를 즐기는 사람들이다. 간단히 확인해볼 수 있다. 40명의 친구 명단을 작성한 후에 그들을 처음 알게 된 상황을 떠올려보자. 그럼 소수의 몇 명이 그 외의 모든 친구들을 사귀는 데 지대한 영향을 끼쳤다는 사실을 어렵지 않게 확인할 수 있다. 이들이 바로 소위 '마당발'로 통하는 소수의 핵심 인물이다.

이런저런 모임을 먼저 나서서 조직했던 이들을 생각해보면 분명 열정적이며 폭넓은 인간관계를 맺고 있는 사람일 가능성이 높다. 따라서 이런 마당발들과 자주 연락하고 지낸다면 어느새 원하던 이성이 눈앞에 서 있을 수 있다.

| 자신만의 기준을 확실히 정하라

"어떤 사람을 만나고 싶어요?"라고 물으면 "그냥 저와 마음이 잘 통하는 사람이면 됩니다"라고 대답하는 이들이 꽤 많다. 그런데 본인만 아는 '마음이 잘 통하는 기준'을 다른 사람이 어떻게 알겠는가? 소개팅을 부탁할 때에도 이런 기준은 딱히 설명할 길이 없다.

평소에 원하는 사람에 대한 비교적 객관적이고 명확한 기준을 정해둘 필요가 있다. 그래야 돕고자 나선 사람이 자신의 인력풀에서 그 기준에 적합한 상대를 즉시 검색해낼 수 있다. 예컨대 '25~35세, 월수입 얼마 이상, 전문업 종사자, 신장 170센티미터 이상, 보통의 외모, 유머 감각' 등 기준이 확실하면 타고난 중매쟁이인 나 역시 그 자리에서 바로 서너 명의 후보를 뽑아볼 수 있다.

| 일정한 접촉 빈도수를 유지하라

맞선이나 소개팅의 성공률이 낮은 원인 중 하나는 '단 한 번의 만남으로 평생을 결정하는 선택'을 하려 하기 때문이다. 한 사람을 진정으로 이해하는 데에는 어느 정도의 시간이 반드시 필요하다. 단 한 번의 만남에 평생을 결정짓는 선택의 기준은 외모나 수입 외에는 거의 없다고 본다. 하지만 그 사람의 유머러스함이나 선량한 성품을 진심으로 좋아하게 됐다면 이미 앞의 기준 같은 것은 눈에 들어오지도 않는다.

가령 요리학원에 등록할 경우 2주에 한 번씩 총 3개월간 주기적으로 만나기도 한다. 스포츠 동호회라면 3, 4일간 함께 숙박하며 훈련하는 경우도 더러 있고, 그 뒤로 모임이 계속 이어지기도 한다. 그 외에 프랑스어 수업을 듣는다면 아마 1년은 족히 걸릴 것이다. 이렇게 일정한 기간 동안 주기적으로 만나다 보면 상대방을 다양한 측면에서 파악하게 된다. 눈에 띄는 외모가 아니더라도 시간을 충분히 두고 자주 만나다 보면 서로의 또 다른 장점을 발견할 수 있다.

| 행동에 나서라

언제나 마지막이 가장 중요한 법이다. 위의 여섯 가지 실전 전략을 이해하고 있다면 당신은 분명 성공할 것이다. 단, 성공까지 딱 한 걸음이 남았다. 그건 바로 '행동'이다. 포기하지 않겠다고 각오를 다지고 행동에 나서야한다.

일에 관해서는 주간 계획, 연간 업무 계획은 물론 커리어 설계까지 하면서 사랑에 대해서는 그저 흘러가는 대로 두고 보는 이들이 많다. 훌륭하고좋은 건 그 어느 것도 하늘에서 뚝 떨어지지 않는다. 원하는 상대 역시 온전히 내 힘으로 수많은 이들 가운데서 열심히 찾아내야 한다. 미래의 행복을 위한 계획을 수립하자. 그리고 지금 바로 행동에 나서자.

○

솔로 탈출을 원한다면 생각부터 바꿔라

솔로 탈출에는 전략도 필요하지만 사고의 전환 역시 무척 중요하다. 다음과 같은 사고의 전환이 필요하다.

| 세상에 공짜는 없다는 사실을 기억하라

만일 외모가 가장 중요한 선택 기준이라면 경제적인 부분에서는 큰 기대를 해서는 안 된다. 또 만일 유머러스하고 활달한 성격에 대인관계까지 좋은 사람을 원한다면 친구들보다 나와 더 많은 시간을 함께 보내주길 기대해서는 안 된다. 한 가지 조건에 초점을 맞춰 상대를 고를 경우 성공률이 높은 이유는, 이들이 그 한 가지를 위해 다른 것은 어느 정도 희생할 각오가 되어 있기 때문이다.

간단히 이렇게 해볼 수 있다. 먼저 원하는 조건 열 가지를 나열한다. 예컨대 신장 170센티미터 이상, 연봉 얼마 이상, 발전 가능성 있는 직업, 대화가 잘 통해야 함 등등. 그런 다음 그중에서 세 개만 고른다. 상당히 고통스러운 과정이지만 이를 통해 자신에게 진정 중요한 것이 무엇인지 알게되면서 그 외 조건들은 포기할 수 있게 된다. 만일 높은 연봉을 선택했다면 가족과의 충분한 시간이라든지 여유로운 일상 등은 바라지 말아야 한다. 이 방법의 핵심은 조건을 낮추는 것이 아니라 포기해야 한다는 것이다. 이는 분명 고통스러운 선택의 과정이다.

하늘 아래 공짜는 없음을 기억하자. 무언가 얻고자 한다면 또 다른 무언가는 반드시 포기하고 희생해야 한다.

| 올드미스가 두려워 능력자가 되길 포기하지 마라

능력만 된다면 결혼하지 않고 독신으로 지내는 삶 역시 근사하다. 올드

미스가 되는 것이 두려워 능력자가 되기를 포기할 필요는 없다. 또 본인이 일단 어느 정도 능력을 갖추고 있어야만 더 나은 상대를 만날 수 있다. 내 월급이 300만 원이라면 조건을 조금 낮춰서 월급 250만 원을 받는 상대를 만날 수도 있다. 이는 내 월급이 300만 원일 때 500만 원 받는 상대를 만나는 것보다 훨씬 쉽다. 물이 불어나면 배는 자연히 위로 떠오르게 되어 있다. 자신을 월급 300만 원에만 묶어 생각하지 않길 바란다. 이는 비단 월급에만 해당하는 말이 아니다. 나의 능력과 시야가 넓어지고 높아질수록 자연히 더 훌륭한 상대를 만나게 되어 있다.

| 한두 번 상처받았다고 주저앉는 습관은 버려라

혼기를 놓친 미혼 남녀 가운데 한두 번의 연애 실패 경험 때문에 위축되어 있는 경우가 많다. 이들은 대부분 이런 핑계를 댄다. 맘에 드는 상대를 찾기 어렵다, 나와 맞는 상대를 아직 만나지 못했다, 사람을 만날 기회가 적다, 일찍 결혼할 마음이 없다, 결혼은 해도 그만 안 해도 그만이다 등등. 그리고 뒤이어 오랜 침체기가 찾아온다. 우울한 침체기에는 어떤 시도도 하려 들지 않는다. 그렇게 오랜 침체기가 끝나고 나면 이미 적지 않은 나이가 되어 적합한 상대를 만나는 일이 더 어려워진다. 이는 직장을 구할 때에도 마찬가지다. 대학 졸업 후 취업하기가 어려워 대학원으로 도피하지만 대학원을 졸업해도 취업에 도움이 되지는 않으며, 나이만 더 들었을 뿐이다.

언제나 일찍 행동에 나설수록 더 유리한 법이다. 원하는 상대를 못 만나거나 연애에 실패하는 일 모두 극히 정상이며, 비율적으로 생각할 필요가 있다. 열 번 실패해야 한 번 성공할 수 있다면 다섯 번째 실패에 절대 주저앉아서는 안 된다.

4 장

경제적 자유에 이르는 길을 찾아라

앞 장에서 자신의 커리어, 독서, 사랑을 설계하는 것에 대해 살펴보았다. 그런데 뭔가 하나가 빠졌다고 생각하지 않는가? 그렇다, 바로 돈 혹은 자산이다. 돈이 없으면 아무것도 할 수 없다.

돈은 분명 우리의 인생을 설계하는 데 있어서 빠트릴 수 없는 중요한 부분이다. 만일 투자의 비밀을 알게 된다면 더 많은 시간을 미래에 대한 걱정 없이, 자유롭게 나의 꿈을 향해 나아갈 수 있을 것이다. 그러면 월급이 많지 않아도 진정으로 좋아하는 일을 하면서 충분한 시간을 즐기며 살 수 있다. 돈은 그야말로 우리의 꿈을 든든하게 지원해준다.

나는 왜 부자가
되고 싶은 걸까?

어느 날 바닷가를 거닐던 부자가 배 옆에 누워 빈둥대고 있는 어부를 발견했다. 부자는 가까이 다가가 물었다.

"물고기를 많이 잡아 팔면 돈을 모을 수 있고, 그러면 부자가 돼서 매일같이 해변에 누워 삶을 한가로이 즐길 수 있는데 왜 그러지 않소?"

그러자 어부가 대답했다.

"내가 지금 그러고 있잖소."

표면적으로는 부자도 자유롭고 어부 역시 자유로워 보인다. 부자가 해변에 누워 한가롭게 일광욕을 즐기듯 어부도 똑같이 누워 쉬고 있다. 하지만 실제 상황도 같을까? 어부는 가족을 먹여 살리기 위해 매일 물고기를 잡으러 바다로 나가야 한다. 하루도 빼먹어서는 안 된다. 설령 태풍이 불고 비가 억수같이 쏟아져도 바다로 나가야만 한다. 그렇지 않으면 가족이 밥을 굶게 되기 때문이다. 물고기가 적게 잡히면 수입이 줄어들까봐 걱정한다. 반대로 물고기가 너무 많이 잡히면 시장 가격이 폭락해 역시나 수입이 줄어들까 걱정이다. 그렇게 번 돈으로 가족의 생계를 책임지는 동시에 일정 금액은 따로 모아두어야 한다. 몇 년 뒤면 낡아진 배를 새로 바꾸어야 하기 때문이다. 그렇기에 어부의 여유와 한가로움은 허상에 불과하다.

매일 어부에게 주어지는 자유는 고작 몇 시간뿐이다. 그런데 이 몇 시간 동안에도 이런저런 걱정이 떠나질 않기에 진정한 휴식이라고 볼 수 없다. 설령 아무 문제 없이 매일 고기를 잡아 돈을 벌고 매일 바닷가에 누워 여유를 만끽한다 해도, 나이가 들어 더 이상 바다에 나갈 수 없어지는 날이 오면 그때는 어떻게 될까? 이에 비해 부자는 과거의 노력 덕분에 넘치는 자유를 만끽한다. 때로는 바다에 나가 물고기를 잡을 수도 있고, 또 때로는 해변에 누워 여유를 부릴 수도 있다. 태풍이나 큰 비에 대한 걱정도, 노후에 대한 걱정도 할 필요가 없다. 언제든 자신이 좋아하는 일을 할 수 있다. 이런 것이 바로 진정한 자유다. 부가 뒷받침되지 않는 자유는 허울뿐인 자유이며, 구속받는 자유인 것이다.

왜 우리는 부자가 되고 싶어 할까? 진짜 이유는 나의 꿈을 추구하기 위해서다. 또 내 인생의 가치를 실현하며 살기 위해서다. 그렇다면 현재 우리가 하고 있는 일을 한번 떠올려보자. 한 업무를 3, 4년 동안 하다 보면 매일 비슷한 일을 반복적으로 할 수밖에 없다. 이는 공업화가 가져온 폐해다. 사회 전체적으로 보면 개별 노동자가 똑같은 업무를 담당하는 분업이야말로 노동 효율을 극대화할 수 최선의 방법이다. 반면 개인의 입장에서는 반복되는 업무에서 성취감을 느끼기 힘들며, 피로감과 좌절감만 가득할 뿐이다. 이것 외에도 문제는 더 있다.

어느 날 회사 사장이나 직속 상사가 우리 어깨를 두드리며 이렇게 말한다.

"자네, 오늘 나 좀 도와줘야겠네."

그러면 우리는 쓴웃음을 지어 보이며 어쩔 수 없이 새벽 2, 3시까지 야근을 해야 한다. 세상에 야근을 좋아하는 사람이 어디 있을까? 게다가 강요에 못 이겨 어쩔 수 없이 하는 야근이라면 더더욱 반가워할 사람은 없을 것이다. 그런데 왜 우리는 결국 이러한 현실과 타협하고 마는 걸까? 그건 우리가 사장의 통제 아래, 회사의 통제 아래 있기 때문이다. 마치 어부가 겉으로는 자유로워 보이지만 어쩔 수 없이 바다로 나가 물고기를 잡아야 하는 것과 마찬가지다.

그렇다면 왜 우리는 남의 통제를 받게 되는 걸까? 그건 나만의 자산 없이 남이 주는 월급만 기다리며 살기 때문이다. 만일 수중에 100억 넘는 돈이 있다면 사장에게 당당하게 이렇게 말할 수도 있을 것이다.

"죄송합니다만 오늘은 안 될 것 같습니다. 다른 사람을 찾아보도록 하세요."

경제적으로 자유로워지는 순간, 일상에 대한 스트레스에서 벗어나 내가 진정으로 원하는 꿈을 향해 달려갈 수 있다.

○
돈이 나에게 가져다주는 것

'돈은 당신에게 무엇을 가져다주는가?'

이 질문을 들었을 때 머릿속에 무엇이 떠올랐는가? 한정판 명품백? 유명 디자이너가 특별 제작한 원피스? 최고급 스포츠카? 돈 하면 보통 이런 것들을 떠올리기 마련이다. 하지만 돈이 가져다주는 건 비단 이런 것들뿐만이 아니다.

2008년 12월 5일, 싱가포르에 사는 한 소녀가 생일을 맞았다. 소녀는 생일 파티에서 조앤 롤링의 사인이 담긴 신간을 선물로 받는 게 소원이었다. 그런데 조앤 롤링이 런던에서 신간 출간 기념 사인회를 여는 시각은 이 소녀의 생일 파티가 열리기 불과 15시간 전이었다. 소녀의 아버지는 한 회사에 도움을 요청했다. 이 회사는 전 세계에 퍼져 있는 사이버망을 활용하여 런던의 직원을 사인회장에 파견했다. 그런 뒤 작가의 친필 사인이 담긴 책을 직항 편으로 싱가포르로 보냈다. 결국 책은 소녀의 생일 파티 시작 시간인 오후 6시에 맞춰 도착할 수 있었다. 이는 실제로 일어났던 일이다. 여기서 돈이 실현시켜준 것은 한 아이의 간절한 소원이었다. 이렇게 귀한 생일 선물을 받았던 기억을 아이는 아마 평생 잊지 못할 것이다.

2002년, 중국 봉황TV의 유명한 진행자 류하이뤄가 런던에서 지하철을 타고 가던 중 열차가 탈선하는 사고가 일어났다. 당시 런던의 의사들은 류하이뤄를 뇌사 상태로 진단 내렸다. 이에 중국 정부는 한 회사에 의뢰해 전용기를 띄워 베이징 병원의 뇌 전문의 세 명을 런던으로 급히 파견했고, 이들은 사고 발생 여덟 시간 만에 런던에 도착할 수 있었다. 류하이뤄를 진찰한 전문의들은 아직 회생 가능성이 있다고 판단하여 최신식 의료 설비가 갖춰진 전용기에 태워 베이징으로 급히 이송했다. 그 후 류하이뤄는 봉황 TV의 진행자로 돌아와 활발하게 활동을 이어갈 수 있었다.

당시 전용기를 파견했던 회사는 세계 곳곳에서 전문적으로 구조 활동을 벌이는 업체였다. 세계 여러 나라와 비정부 기구를 도와 위험지역에서 생명 구조활동을 펼치는 것 외에도 세계적인 갑부들의 생명이 위급한 순간에 도움을 줌으로써 새로운 삶을 선사하기도 했다. 이렇듯 돈은 가장 소중한 당신의 '생명'을 되돌려줄 수도 있다. 인정하고 싶지 않지만 인정할 수밖에 없다. 돈이 바로 생명이다. 살다 보면 어쩔 수 없이 돈이 정말 생명과 직결되는 순간에 종종 직면하게 된다.

○
부자와 가난한 자의 마인드 차이

부유한 사람과 가난한 사람의 차이는 무엇이라고 생각하는가? 가장 큰 차이는 바로 마인드에 있다. 부자의 마인드를 지니고 있다면 지금 당장 가진 돈이 없다 해도 미래에는 분명 달라질 수 있다. 반대로 가난한 자의 마인드로 산다면 지금 하늘에서 돈다발이 떨어진다 해도 그 순간뿐, 결국 다시 가 난한 삶으로 되돌아가게 되어 있다.

복권 당첨이야말로 가장 대표적인 뜻밖의 횡재일 것이다. 2002년, 영국 노픽주에 사는 환경미화원 마이클 캐롤은 970만 파운드(약 145억 원)의 복 권에 당첨되었다. 하룻밤 사이에 가난뱅이에서 억만장자가 된 것이다. 그때 부터 마이클은 호화 주택과 고급차 등을 구입하는 데 돈을 흥청망청 쓰기 시작했고, 더 강한 자극을 찾아 헤매면서 마약과 성매매 등에 중독되어갔 다. 그 결과 8년 만에 거액의 당첨금을 모두 탕진해 어쩔 수 없이 다시 고된 육체노동을 하며 정부지원금에 의지해 살아가고 있다.

미국의 한 통계 자료에 의하면 거액의 복권 당첨자 가운데 90퍼센트는 10년 안에 자신의 본래 경제 수준으로 되돌아간다고 한다. 이는 국가를 막 론하고 복권 당첨자들에게 공통적으로 나타나는 현상이다. 그 이유는 바로 가난한 자의 마인드를 버리지 못했기 때문이다.

이렇게 한번 가정해보자. 만약 당신이 복권 1등에 당첨된다면 어떻게 하 겠는가? 다음은 가장 전형적인 답변이다.

'우선 전 세계를 여행한다. 또 최고급 스포츠카를 구입하고, 배우자에게 명품가방과 옷을 선물한다. 집도 사고 부모님께 용돈도 드린 뒤 나머지는 은행에 넣어 이자를 받는다.'

대부분 일단 놀고, 사치품을 사고, 가족에게 나누어주겠다는 반응을 보 인다. 이는 전형적인 가난한 자의 마인드라고 할 수 있다. 그렇다면 부자의 마인드를 지닌 사람은 어떻게 할까?

'먼저 고생하신 부모님께 용돈을 많이 드리고, 행운을 자축하는 의미에서 본인과 배우자의 선물을 산다. 그리고 남은 돈 가운데 일부는 위험률이 비교적 낮은 채권과 펀드에 투자하고, 나머지 일부는 고위험·고수익 주식에 투자한다.'

이 두 사람의 출발점이 같았다고 가정하면 5년 후의 상황은 완전히 달라진다. 가난한 자의 마인드를 지닌 사람은 모두 써버리고 아무것도 남지 않지만 부자의 마인드를 가진 사람은 아마도 복권 당첨금 그 이상의 돈을 손에 쥐고 있을 가능성이 높다. 이렇듯 각기 다른 마인드가 엄청난 차이를 만든다. 부자가 되고 싶다면 먼저 마인드부터 바꿔야 한다. 부자의 마인드를 지니고 돈이 끊임없이 나를 위해 일하게 해야 한다.

투자도 배우면
잘할 수 있을까?

우리는 머리를 자르고 싶으면 미용실에 간다. 자기 머리를 스스로 자르는 사람은 거의 없다. 또 집 안 구조를 바꾸고 싶을 때에는 인테리어 전문가에게 의뢰를 하고, 도로를 다시 깔거나 다리를 건설하는 일은 건축 기사에게 맡기며, 그해 수익을 결산하기 위해서는 회계사를 고용하고, 아무리 아파도 의사 면허증이 없는 의사는 절대 찾아가지 않는다. 그런데 이상하게도 유독 투자와 관련해서만 다들 자신의 능력을 굳게 믿는다.

업종과 국적을 불문하고 투자가 별로 어려운 일이 아니라고 생각하는 이들이 부지기수다. 그렇다 보니 보험이나 펀드, 주식 등을 구매할 때면 별다른 고민 없이 직접 결정해버린다. 동료가 권해서, 친구가 주식에 투자하는 걸 보고, 혹은 신문에서 추천하는 주식에 투자하는 사람도 있다. 정말 투자가 이렇게 쉽고 간단한 일일까? 그 답은 이들의 성적표만 봐도 바로 알 수 있다. 직장 동료가 부추겨서, 혹은 친구나 가족이 강력 추천해서 한 투자는 손해만 보고 끝나는 경우가 대부분이다.

○
투자는 수익률이 가장 높은 기술이다

투자를 일종의 기술로 본다면 다른 기술과도 비교가 가능하다. 그렇다면 누구나 한 번쯤 배우는 영어와 비교해보자. 일반적으로 초등학교나 중학교 때 영어를 배우기 시작해 많은 돈과 시간을 투자해야 비로소 외국인과 유창하게 대화하는 수준에 도달한다. 이렇게 일정한 비용을 지불하고 영어라는 기술을 습득했을 때 우리가 거두어들이는 수익은 얼마나 될까?

평생 재산 총액이라는 개념을 활용해 설명해보겠다. 평생 재산 총액이란, 당신이 첫 월급을 받을 때부터 시작해 매년 벌어들이는 수입을 모두 합친 금액이다. 다시 말해 벌어들인 수입을 전혀 사용하지 않고 차곡차곡 쌓아둔다는 전제하에 평생 모으게 되는 재산의 총액을 가리킨다. 평생 재산 총액을 30퍼센트 정도 증가시키는 영어 실력을 갖추기 위해 대부분의 사람들이 많은 시간과 많은 돈을 아낌없이 투자한다. 그런데 재산 총액을 200퍼센트에서 800퍼센트까지 혹은 그 이상으로 증가시켜줄 수 있는 투자 기술을 익히는 데 과연 우리는 얼마의 시간과 돈을 들이고 있는지 되돌아봐야 한다.

일반적으로 주식시장에서는 20퍼센트의 사람만이 수익을 내고, 80퍼센트는 손실을 본다고 알려져 있다. 한편 중국 주식시장에서 손실을 입는 개인 투자자의 비율은 훨씬 더 높다. 70퍼센트가 손실을 보고, 20퍼센트가 원금을 보전하며, 10퍼센트만이 수익을 낸다는 말도 있다.

투자를 하다가 돈을 잃었다면 누구를 탓해야 할까? 관련 지식과 기술을 습득하지 않은 채 투자에 뛰어든 자신을 탓해야 마땅하다. 그런데 대부분 다른 변명거리를 찾는다. 바로 투자는 당최 배울 수가 없다는 것이다. 이렇게 투자는 안 배워도 할 수 있다거나, 배우는 게 불가능하다는 것은 완전히 잘못된 생각이다. 투자 역시 일종의 기술이 필요하기에 배우지 않고 덤볐다가는 당연히 매우 위험해질 수 있다. 운전을 배우지 않은 상태에서 차를 몰고 나갔다가 사고를 내는 것과 마찬가지다.

투자도 충분히 배울 수 있다. 충분한 시간과 노력을 들여 배울 준비가 되어 있고, 올바른 방법을 선택하기만 한다면 투자에 대해 배우는 것도 그리 어려운 일이 아니다.

○
금융 지수를 높이는 방법

지능 지수(IQ)는 타고나고 감성 지수(EQ)는 천천히 키워갈 수 있다면, 대체 금융 지수(FQ)는 어떻게 높일 수 있을까? 금융 지수를 높이는 첫 번째 방법은 바로 독서다. 나 역시 《부자 아빠 가난한 아빠》 시리즈를 읽으며 금융에 대해 배웠다. 이 책이 엄청난 인기를 끈 데에는 이유가 있다. 이 책의 저자는 핵심 개념을 심플하면서도 아주 명확하게 설명해준다.

이 책에서는 모든 사람을 네 가지 유형으로 분류한다. 우선 온전히 봉급에만 의지해 살아가는 '봉급생활자(E: Employee)', 누군가에게 고용되지 않고 전문적인 기술을 활용해 자신을 위해 일하는 '자영업자 또는 전문직 종사자(S: Self-Employed)'가 있다. 이 두 유형은 경제적인 자유를 실현하기 어려우며 전체의 95퍼센트를 차지한다. 다음 유형은 '사업가(B: Big Business)'다. 직원 서너 명을 데리고 있으면서 매일 아침 짐을 나르고 야채를 볶는 사람은 S에 속한다. 진짜 사업가는 자신의 노동력을 크게 투입하지 않고도 알아서 운영되면서 수익을 창출하는 기업을 소유한 사람을 가리킨다. 그래야 진정한 경제적 자유를 누리고 있다고 말할 수 있다. 마지막 유형은 '투자자(I: Investor)'다. 온전히 자신의 자산을 활용한 투자로 수익을 올리며 완벽한 경제적 자유를 실현한 사람들이다.

이 같은 이론은 당시 부에 대한 나의 관점을 완전히 뒤집어놓았고 점차 창업을 고민하게 만들었다. 그리고 최근 10년 동안 갖가지 어려움에 직면할 때마다 매번 이 책을 펼쳐보면서 새로운 깨달음을 얻곤 했다. 이 외에도 이 책과 관련된 보드게임인 '캐시플로(Cash Flow)'도 금융 교육용으로 훌륭한 교재다.

금융 지수를 높이는 또 다른 방법은 이 분야의 종사자와 접촉하는 것이다. 컨설팅 회사에서 근무할 당시 생소한 분야의 일을 맡게 되면 일명 '주제별 인터뷰'라는 방법을 사용해 배워갔다. 먼저 토론하고 싶은 주제를 정하고 관련된 문제들을 나열해보았다. 그런 다음 해당 업계 종사자를 찾아가 질문하는 방식이었다. 오랜 기간 한 분야에서 일한 사람들은 외부인이 절대 알 수 없는 핵심 지식을 갖추고 있기 마련이다. 다만 투자의 경우 전문가를 사칭하는 사람들이 워낙 많다 보니 몇 가지 당부하고 싶은 점이 있다.

첫째, '왜'라는 질문을 최대한 많이 던져라. 예컨대 "어디에 투자하는 게 좋을까요?"라고 물으면 무조건 금에 투자하라고 말하는 사람이 분명 있을 것이다. 그러면 이어서 이렇게 질문해보자.

"왜 금에 투자하는 게 좋은가요? 듣자 하니 주식 투자도 괜찮다고 하던데, 금에 투자해야 하는 특별한 이유라도 있나요?"

이 사람이 머리가 지끈거릴 때까지 질문하는 게 핵심이다. 다른 사람의 결론을 섣불리 받아들이지 말고, 그 사람의 논리가 무엇인지 내 머리로 직접 생각해보는 독립적인 사고 과정이 반드시 필요하다. 이것이 투자 공부의 기본 중 기본이다.

둘째, 많은 이에게 질문하라. 누군가 금 투자를 권한다면 반드시 다른 사람에게도 물어봐야 한다. 어쩌면 다른 사람은 펀드에 투자하라고 조언할지도 모른다. 이렇게 여러 사람에게 질문하다 보면 자연스럽게 어떤 모순점을 발견하게 된다. 이 역시 독립적인 사고 과정이라고 할 수 있다.

셋째, 실제 투자 경험이 있는 사람에게 질문하라. 은행이나 증권회사 등 금융 업계 종사자가 적지 않은 게 현실이다. 그중 겉보기에는 그럴듯한 큰 기업에 다니지만 그 사람이 실제로 담당하고 있는 업무는 아주 단편적인 일이거나 그저 여기저기서 얻어들은 풍월만 읊어대는 경우도 많다. 풍부한 경력을 지닌 투자 매니저라고 해서 반드시 자기 돈을 직접 투자해본 경험이 있다고는 장담할 수 없다. 그렇기에 실제로 투자를 통해 이윤을 남겨본 경험이 있는 사람을 골라 조언을 구해야 한다.

이외에도 금융 지수를 높이는 좀 더 빠르고 효과적인 방법은 이 분야의 체계적인 수업을 수강하는 것이다. 체계적인 수업의 장점은 금융 기초가 부족한 투자자가 전면적이고 조직적으로 실력을 키울 수 있도록 도와준다는 것이다. 펀드회사나 은행 가운데 관련 강좌를 개설하는 곳도 꽤 많으며, 일부 증권회사는 투자자를 위한 주식 분석 수업을 꾸준히 열기도 한다.

투자는 일종의 기술인 동시에 취미이기도 하다. 그리고 이를 배우기 위해서는 일정한 돈과 시간을 들여야 한다. 돈이 필요하다는 점은 대부분 알지만 시간에 대해서는 잘 모르는 경우가 많다. 사실 돈보다 시간을 들이는 것이 훨씬 더 중요하다.

내 시간을 주로 어디에 사용하는지는 바로 드러난다. 패션 잡지를 보고, 쇼핑하고 화장 연습을 하는 데 주로 시간을 보내는 사람이라면 갈수록 스타일이 멋져질 것이다. 반면 투자와 재테크를 공부하고 이 분야를 다각도로 연구하는 데 시간을 쓰는 사람이라면 갈수록 부유해질 것이 분명하다.

투자의
기본기를 다져라

'투자도 배울 수 있다'는 결론에 도달했다면 이제 문제는 간단해졌다. 어떻게 배워야 할까? 투자에 필요한 기본 기술은 무엇일까? 투자는 영역이 방대한 만큼 관련된 책이나 자료도 무척 많다. 하지만 지면상의 한계로 가장 기초 내용만 선별했다. 투자도 배울 수 있다는 믿음을 가지고 열심히 학습하고 반복적으로 실천한다면 분명 경제적 자유의 길로 들어설 수 있다.

월급이 오르면 여윳돈이 생길까?

대학 졸업 후 3년째 컨설팅 일을 하고 있는 친구가 있다. 동년배들에 비해 연봉이 상당히 높은 그 친구는 만날 때마다 자신은 술, 담배도 전혀 안 하는데 매달 통장 잔고가 바닥이라며 하소연하기 일쑤였다. 매달 월급이 한 푼도 남지 않는다며 대체 돈이 다 어디로 들어가는지 모르겠다고 했다. 나는 그 친구에게 종이 가계부 아니면 무료 가계부 앱을 다운받아 지출할 때마다 금액과 내용을 적어보라고 조언해주며 3개월간 지속해본 뒤 그 결과를 나에게 알려달라고 했다.

한 달이 조금 넘었을 무렵 그 친구는 자신의 문제가 무엇인지 알게 되었다고 연락해왔다. 술, 담배는 하지 않지만 지금 맡고 있는 업무의 특성상 저녁에 외부에서 접대할 일이 많은 게 중요한 이유였다. 몇 번 계산하고 나면 돈이 제법 많이 나간다고 했다. 이 외에도 그는 '전자기기 마니아'이자 '애플 마니아'로 두 달에 한 번 꼴로 휴대전화를 교체했으며, 신상 애플 상품이나 주변 기기가 나오면 절대 놓치는 법이 없었다. 기존에 쓰던 전자제품은 다른 사람에게 주거나 싼 값에 처분해버렸다. 게다가 이 친구는 애니메이션 마니아기도 해서 한정판 개라지 키트(garage kit, 고급 조립 모형)도 상당수 구매했다.

나는 그의 지출 목록을 보고 이 정도 취미 생활과 지출을 유지하면서 빚 안 지고 통장 잔고가 0원인 것만 해도 천만다행이라며 웃어넘겼다. 많은 이들이 이렇게 생각한다. 지금 내 월급이 너무 적어서 생활비로 쓰기에도 부족하니 월급을 많이 받게 돼서 여윳돈이 생기면 그때 투자해야겠다고. 그런데 정말 월급이 오르면 여윳돈이 생길까?

또 다른 친구는 기본 생활비 외에도 옷이나 가방, 화장품 등을 사는 데 적지 않은 돈이 들어가 항상 월급이 거의 남지 않는다고 했다. 그런데 최근 몇 년간 일도 열심히 하고 운도 따른 덕분에 회사에서 급속도로 승진하면서 작년에는 연봉이 열 배 가까이 올랐다. 그러면 여윳돈이 넉넉히 생겨야 마땅했다. 한데 이 친구는 여전히 돈이 부족하다고 느끼고 있었는데, 알고 보니 일이 그 원인이었다.

친구는 업무상 외국에 자주 나갔는데 프랑스나 이탈리아 같은 나라에 가면 명품가방이나 옷 등이 국내보다 훨씬 저렴했다. 그럴 때마다 싸다는 이유로 평소 거의 입지 않는 옷이나 장신구 등을 대량으로 구매하곤 했던 것이다. 소비 습관은 단시간 내에 바뀌기 힘들다. 인간의 소비 욕구는 끝이 없기 때문이다. 이 친구는 연봉이 몇 배가 더 오른다 해도 똑같이 돈이 부족하다고 느낄 가능성이 높다.

경제적 자유를 누리면서 투자로 부를 창출하는 삶을 살고 싶다면 우선 투자를 시작할 수 있는 여유 자금이 있어야 한다. 이것이 시작이다. 자본금이 없다면 투자 노하우를 배운들 아무 소용이 없다.

그렇다면 자본금은 어떻게 마련해야 할까? 고난도의 기술 같은 건 전혀 필요치 않다. 매달 수입에서 따로 저축 비율을 정해두면 문제는 간단히 해결된다. 예를 들어 평소 지출이 많은 편이라면 저축 비율을 10퍼센트 정도로 조금 낮게 잡으면 된다. 또 지출을 줄여서라도 하루빨리 종잣돈을 마련하고 싶다면 40퍼센트 정도로 그 비율을 높이면 된다.

주의해야 할 점은, 매달 사용하고 남은 돈을 그때그때 저축하겠다는 생각은 버려야 한다는 것이다. 반드시 엄격하게 규칙을 적용해서 먼저 저축을 한 후에 남은 돈을 써야 한다.

소비 욕구는 영원히 채워지지 않는 우물과 같다는 점을 잊어서는 안 된다. 이 욕구를 통제할 수 있느냐, 그렇지 않느냐가 경제적 자유의 길로 들어서기 위한 첫 번째 관문인 것이다.

○
자산과 부채의 차이를 아는가?

신용카드의 사용은 부채를 발생시킨다. 투자의 가장 중요한 원칙은 바로 '부채를 지지 않는 것'이다. 부채를 만들지 않으려면 의지와 노하우가 필요하다. 그전에 먼저 부채가 무엇인지부터 명확히 알아야 한다. 경제적 자유로 향하는 길은 간단하다. 돈을 모아 끊임없이 자산에 투자하는 것이다. 그렇다면 자산이란 또 무엇일까?

가령 돈을 빌려 새 TV를 장만했다면 이 빚은 당연히 부채에 들어가며, 신용카드의 사용 역시 카드사에 갚아야 할 빚을 지는 것과 마찬가지이기에 부채에 해당된다. 반면 은행에 저축했다면 이자율이 높지 않다 하더라도 분명 자산으로 볼 수 있다.

자산과 부채는 때때로 구분하기 어려울 때도 있다. 예를 들어 안타깝게도 병으로 세상을 떠난 먼 곳에 사는 외삼촌에게서 초호화 요트를 유산으로 상속받았다고 가정해보자. 죽은 자에 대한 예의로 2, 3년간 이 요트를 처분하지도 못하고 누군가에게 대여해주지도 못하고 있다면 과연 이 초호화 요트는 자산일까, 아니면 부채일까? 대부분 자산이라고 답할 것이다. 그 이유는 초호화 요트니까 가격이 적어도 몇 억은 될 거라고 생각하기 때문이다.

그렇다면 한번 자세히 따져보자. 먼저 초호화 요트이니 당연히 작은 크기가 아니기에 일반 선착장에 정박시켜두기 어려울 것이다. 어쩔 수 없이 호화 요트 전용 선착장을 이용하려면 매달 적지 않은 사용료를 지불해야 한다. 또한 요트를 수시로 관리하고 유지, 보수해줄 전문 인력이 필요하며 그 인건비도 상당하다. 마지막으로 요트를 직접 운전하기 위해서는 따로 전문 과정을 이수해야 하므로 그 수업료 역시 계산에 넣어야 한다. 이상의 비용을 모두 합쳐서 매년 출항하는 횟수로 나누면 호화 요트를 한 번 빌리는 비용을 훨씬 초과하게 된다. 그렇다면 이 초호화 요트를 소유하는 건 밑지는 장사라고밖에 볼 수 없다. 허영심을 만족시켜준다는 점 외에는 아무런 의미도 없는 것이다.

부채와 자산을 구분하는 기준은 의외로 간단하다. 내 주머니에서 돈이 나가야 하는 것은 부채다. 그리고 내 주머니에서 돈이 나가지 않거나 심지어 돈을 넣어주는 것은 자산이다.

투자는 나의 약점과 싸우는 과정이다

재테크는 한마디로 인간이 자신의 약점과 끊임없이 싸우는 과정이라고 할 수 있다. 일명 '일곱 가지의 죄'에도 들어가는 교만, 탐욕, 분노, 질투, 게으름은 재테크를 하는 과정에서 우리가 정면으로 맞닥뜨리게 되는 문제들이다. 최고의 대응 방법은 엄격한 규칙 준수와 냉정한 판단, 그리고 작은 이익에 동요하지 않는 태도다.

저축을 시작할 때 스스로 규칙을 정해 지키는 일은 무엇보다 중요하다. 돈이 남으면 저축하고 돈이 부족하면 빼서 쓰는 것은 옳지 않다. 월급에서 고정적인 저축 비율을 정하고 철저히 지키는 자세가 필요하다. 그것을 지키지 못했을 때에는 자신에게 벌을 주는 것도 좋은 방법이다. 예컨대 올해 휴대전화를 교체하려던 계획을 내년으로 미루는 식이다.

하우스푸어들은 대출금을 갚기 위해 월급이 들어오기 무섭게 은행에 상환부터 한다. 이 역시 변형된 형태의 강제 저축이다. 만일 이 정도도 어려워서 못 하겠다면 재테크 지식을 열심히 정리하기 전에 먼저 인터넷에서 재테크 경전부터 찾아보라. 자신의 약점을 극복하지 못하는 사람은 어떤 일도 제대로 할 수 없다고 나와 있을 것이다.

적립식 펀드도 이와 비슷한 원리다. 단, 이때 우리는 주변 사람들의 속삭임을 이겨내야 한다.

"그 펀드보다 이 펀드가 훨씬 낫다." "저 펀드에 투자해서 나는 이미 100퍼센트의 수익률을 올렸다." "펀드는 쓸데없다, 주식 투자가 최고다." "금 투자는 언제나 진리다."

각양각색의 근거 없는 정보들이 당신의 결정을 좌지우지하려 들 것이다. 이럴 때 굳은 의지가 없다면 끊임없이 휘둘리게 된다. 자신이 직접 자료를 수집하고 그 자료를 근거로 주체적으로 판단해야 한다. 그리고 일단 방향을 잡았으면 엄격하게 실행해나가는 것이 좋다. 다른 자료를 통해 그 방향이 잘못되었다고 판단하기 전까지는 일단 밀고 나가야 한다. 돈도 내 것이고, 손해도 내가 보는 것이다. 다른 사람의 의견을 너무 쉽게 수용해서는 안 된다.

자신의 행동에 책임질 자신이 없다면 아직 투자할 때가 아니다. 주식이나 채권, 부동산, 금 등 위험성이 큰 투자 영역에서는 굳은 의지와 독립적인 판단력 외에도 욕심을 통제할 줄 아는 능력이 필요하다. 다른 투자 상품이 더 좋다는 이야기는 항상 들려올 것이다.

"연 수익률이 20퍼센트라고? 너무 적다! 30퍼센트를 보장하는 상품도 있는데……."

한 통계 자료에 따르면 자신이 평균보다 더 영리하다고 생각하는 사람이 전체 인구의 80퍼센트를 넘는다고 한다. 논리적으로 따져보면 이는 불가능한데, 다들 자신이 똑똑하다고 생각하기에 쉽게 속고 사기를 당하는 것이다.

제2차 세계 대전 당시 독일 최고의 조종사가 있었다. 그는 무려 800대의 적기를 격추시켜 영웅으로 칭송받았다. 이후 그는 자신의 회고록에서 이처럼 눈부신 전적을 올릴 수 있었던 이유가 주로 신참들을 겨냥했기 때문이라고 밝혔다. 상대의 비행 궤적을 보면 신병인지 아닌지 알 수 있다는 것이다. 만약 신병이 맞으면 추격해서 격추시키고, 아니면 재빨리 도망치는 게 자신의 비결이라고 말했다.

자신이 다른 사람보다 똑똑하다고 섣불리 속단하지 않길 바란다. 언제나 약한 자는 먼저 당한다는 사실을 명심하라.

○
돈의 가치 증가 방식을 이해하라

투자가 복잡하다고 생각하는 사람이 많다. 재무설계사와 이야기를 시작하면 머리가 지끈지끈 아파오면서 펀드, 주식, 채권, 선물 어느 것 하나 제대로 이해하기 어렵다고 말하는 사람들을 위해 다양한 종류의 투자를 간단하게 차근차근 설명해보겠다.

분류 기준은 자금의 사용 및 가치 증가 방식이다. 그다지 과학적이지 않을 수도 있고, 모든 투자 상품을 아우르지도 못한다. 하지만 돈이 어떤 경로를 거치면서 가치가 증가하거나 혹은 감소하는지 이해하는 데에는 확실히 도움이 될 것이다.

다음의 예시에 등장하는 투자군을 당신이라고 생각해도 무방하다. 그리고 돈을 빌려가는 사람은 P라고 가정해보자.

| 유형 1. 여러 사람의 돈을 대신 맡아두었다가 그 돈을 필요한 사람에게 빌려주고 그 차액으로 수익을 창출한다

복잡하게 느껴지는가? 사실 은행 예금이 그 대표적인 경우다. 왜 은행에 돈을 저축하면 이자가 생길까? 그 이자는 대체 어디서 발생하는 걸까? 아래의 예시를 한번 살펴보자.

투자군은 P에게 1천만 원을 빌려주기로 했다. P가 연말에 연이율 3퍼센트를 적용해서 1,030만 원을 돌려주기로 약속했기 때문이다. 투자군을 포함한 열 명의 사람들이 같은 조건으로 P에게 돈을 빌려주었다. P는 이렇게 모은 1억 원을 식당을 여는 A에게 빌려주었다. 연말이 되자 A는 P에게 원금 1억 원 외에 700만 원의 이자까지 합쳐서 상환했다(대출 이자를 7퍼센트라고 가정). 그러자 P는 1억 원의 원금을 투자군을 포함한 열 명의 사람에게 돌려주고, 각각 30만 원씩 총 300만 원의 이자를 모두 지급했다. 그 결과 P는 400만 원의 수익을 올렸다.

여기서 P를 은행이나 민간 사채업자, 소액 대출회사로 바꾸어 생각해도 상관없다. 기본적으로 여러 사람의 돈을 맡아두었다가 다시 돈이 필요한 사람에게 빌려주고 그 차액으로 수익을 올리는 구조다. 단, 민간 사채업자나 소액 대출회사에서 돈을 빌릴 경우에는 지불해야 하는 이자가 비교적 높다는 차이점이 있다.

이 같은 투자 유형에서 주의 깊게 살펴봐야 할 부분은, 중간에서 돈을 빌려주는 사람이 누구에게 다시 돈을 빌려주는가 하는 것이다. 돈을 빌리는 사람에게 상환 능력이 있는지를 살펴봐야지 이자율에만 눈이 멀어서는 안 된다.

예컨대 은행 예금의 경우 은행은 주로 대기업에 고정 자산을 담보로 대출해주기에 회수율이 높은 편이며, 리스크 역시 크지 않다. 반면 민간 사채업자의 경우 보통 급전이 필요해서 높은 이자율을 제공하겠다는 개인이나 회사에게 돈을 대출해준다. 담보도 설정되어 있지 않고, 돈을 빌리는 사람의 신용도도 천차만별이기에 빌려준 돈을 회수하지 못할 가능성이 상당히 높다. 이는 투자자의 수익으로 직결되며, 심지어 투자 원금도 제대로 돌려받지 못할 수 있다.

| 유형 2. 돈이 필요한 사람이 직접 투자자에게 빌린다

어느 날 투자군이 식당을 운영하고 있는 A를 우연히 만났다. A는 요즘 장사가 제법 잘돼서 종업원을 좀 더 채용할 계획이라고 했다. 그러면서 투자군에게 1억 원을 빌려주면 연말에 1억 700만 원을 갚겠다고 약속했다. 투자군은 제법 괜찮은 거래라고 판단해 1억 원을 마련해 A에게 빌려주었다. 각종 채권, 예컨대 국채, 지방채, 회사채 등이 이 유형에 속한다. 돈이 필요한 사람이 중개인(P가 여기에 해당된다)을 건너뛰고 직접 투자자에게 자금을 빌리는 형태다. 국채는 국가가 돈을 빌리기 위해 발행하는 채권이고,

지방채는 지방자치단체들이 발행하는 채권, 회사채는 주식회사가 발행하는 채권이다.

이 유형에서는 돈을 빌리는 상대의 신용도를 파악하는 일이 상당히 중요하다. 가령 국채의 경우 정부가 채권 상환을 보증하기 때문에 매우 안전하다. 미국 국채의 경우 경제 대공황 시기를 제외하고는 상환 불이행 비율이 매우 낮다. 반면 중국의 일부 지방채는 위험률이 비교적 높은 편이다. 회사채의 경우에는 발행 회사의 신용도를 살펴봐야 한다.

예컨대 제법 큰 규모의 요식업을 하는 A 회사채와 B 회사채가 있다고 가정해보자. A는 세계적으로 이름난 실력 있는 셰프로, 부지런하기까지 해서 식당 매출이 어마어마하다. 사업을 좀 더 확장해볼 명목으로 채권을 발행했기에 이런 경우 충분히 투자 가치가 있다고 볼 수 있다. 반면 B는 마라탕 전문점을 운영하고 있는데 지난달 식자재가 신선하지 않다는 이유로 고객에게 고발당한 사건이 있었다. 그럼에도 B는 사업을 빨리 키우고 싶은 마음에 채권을 발행해 새로운 점포를 열려고 하는 상황이기에 투자 가치가 그리 크다고 볼 수 없다.

A와 B 같은 사례는 현실에서 얼마든지 찾아볼 수 있다. 따라서 단순히 수익률만 볼 게 아니라 상대가 빌린 돈으로 구체적으로 무엇을 하려고 하는지, 상대의 신용 상태는 어떤지, 위험 수준은 어느 정도인지 따져봐야 한다.

| 유형 3. 투자자가 자산의 일부를 소유하고 있지만 경영에는 참여하지 않는다('주주'라고 이해하면 간단하다)

A의 식당은 날이 갈수록 운영이 잘됐다. A는 투자군의 이모가 보건복지부에서 일한다는 사실을 알고 투자군에게 1억 원을 투자해 A의 식당 주식 10퍼센트를 취득할 것을 제안했다. 물론 불시에 식품위생 검사가 나올 때 암암리에 도움을 준다는 전제하에서였다. 식당이 계속해서 높은 수익을 낼 경우 투자군도 그에 따른 배당금을 받게 된다. 반대로 식당이 적자가 나면 투자군의 1억 원도 그에 상응하는 손실을 입게 된다. 한마디로 A와 투자군은 수익도 공유하고, 위험도 함께 감수한다. 주식시장이 바로 이런 형태로 운영된다.

주식의 장점은 보건복지부에서 일하는 이모가 없어도 된다는 점이다. 단점은 주식시장에서도 A의 식당처럼 발전 가능성이 높은 곳이 있는가 하면, B의 마라탕 식당처럼 경영이 위태로운 곳도 있다는 점이다. 예리한 판단력과 통찰력으로 옥석을 가려내 주주로 참여할 만한 상대를 선택해야 한다.

투자할 만한 가치가 있는 상대를 찾아냈다면 해당 주식이 비교적 저렴할 때 구매해야 하며, 이런저런 '거짓 정보'에 넘어가서는 안 된다. 예컨대 A의 식당 주변에서 갑자기 지하철 건설 공사가 시작되는 바람에 길이 온통 파헤쳐져 통행이 불편해졌다. 그러자 식당에 오는 손님의 수가 눈에 띄게 줄었다. 그런 상황에서 A가 투자군에게 평소보다 낮은 가격에 주식을 구매하라는 제안을 해온다. 잠시 고민해보니 지하철 공사는 반년 정도면 완료될 테고, 그러면 그 뒤로 더 많은 손님이 A의 식당에 찾아올 것이 분명해 투자군은 주주가 되기로 결정한다.

　이와 달리 거짓 정보에 속아 넘어가는 경우도 있다. 최근 B의 마라탕 식당에서 제공하는 맥주에 특정 질병의 저항력을 높여주는 성분이 들어 있다는 소문이 퍼져나가면서 손님이 구름 떼처럼 몰려들기 시작했다. 그것을 보고 투자군이 B의 식당 주식을 구매하려고 하자 B는 매우 높은 가격을 제시한다. 하지만 아무리 생각해봐도 맥주 효능이 대단한 듯해 결국 주식 투자를 결정해버린다. 거짓 정보에 속지 않기 위해서는 나의 실력을 키우는 수밖에 없다.

| 유형 4. 직접 자산의 소유주가 되어 미래의 가격 등락을 예측해 돈을 번다(혹은 잃는다)

　A의 식당에서는 제비집으로 만든 음식을 판매한다. 어느 날 A가 인도네시아로 직접 제비집을 구매하러 가면서 투자군에게도 1억 원을 준비해 미리 사두는 게 어떻겠느냐고 제안을 한다. A는 앞으로 정부가 제비집의 채취를 제한하면서 제비집 가격이 급등할 것이라고 말한다. 그 말이 일리가 있다고 생각한 투자군은 1억 원을 A에게 주면서 제비집 구매를 부탁한다.

　상황 1: 1년 후 정말로 정부의 제비집 채취 제한 조치가 시행되고 외국에서 수입하기도 어려워지면서 식당들은 어쩔 수 없이 비싼 가격을 주고 제비집을 구매하기 시작한다. 덕분에 투자군은 큰돈을 번다.

상황 2: 1년 후 환경보호단체가 갑자기 제비집 식용에 반대하는 운동을 벌이면서 식당 메뉴에서 제비집 요리가 점점 사라져간다. 결국 투자군이 사놓은 제비집은 창고에 쌓여 곰팡이만 잔뜩 피운다.

유형 3과의 차이점이라면, 이 유형에 속하는 자산은 그 자체로는 가치를 증가시킬 수 없으며(반면 식당의 경우 식재료를 가공하여 가치를 증가시킨다), 외부 요인에 의해 가격 변동이 일어나기에 투자자는 이 같은 변동을 예측하여 돈을 벌거나 잘못될 경우 잃게 된다는 점이다. 석유, 천연가스, 금, 구리, 콩, 옥수수 등 벌크제품의 선물시장, 예술품 투자, 부동산이 바로 이 유형에 속하며 미래의 가격 등락에 대한 예측을 통해 수익을 내거나 손실을 입게 된다. 이 유형의 투자에서는 투자하고자 하는 상품의 가격에 영향을 미치는 외부 요인이 무엇인지 파악하는 것이 무엇보다 중요하다. 이 요인을 종합적으로 고려하여 투자 여부를 결정해야 한다.

이상으로 네 가지 투자 유형에 대한 기본적인 설명을 마쳤다. 이를 통해 돈의 가치 증가 방식에 대해 기본적으로나마 이해하게 되었길 바란다. 일부 내용은 근처 식당으로 대체해서 생각해보면 훨씬 쉽게 이해할 수 있다. 그러면 투자 상담사가 입을 열었을 때 머리가 아파오는 일은 더 이상 없을 것이다. 이런 질문을 하는 사람도 있을 수 있다.

"요즘 은행에서 자주 보는 재테크 상품이나 펀드는 왜 이 유형 안에 없나요?"

그 이유는 은행에서 판매하는 재테크 상품이 대부분 이 네 가지 유형을 새롭게 조합하여 만든 상품이기 때문이다. 따라서 일부 상품을 제외하고는 대부분 어떤 유형에 속하는지 판단하기 쉽지 않다.

다시 투자군과 P의 예를 통해 펀드 및 재테크 상품에 대해 알아보자. 투자군은 3퍼센트의 이자율에 만족할 수 없었다. 그렇다고 주식, 선물 같은 것은 도통 이해가 안 되고 업무가 바빠서 시도해볼 시간도 없었다. 이때 마침 P가 투자 전문가로서 투자군 앞에 나타나 이렇게 말한다.

"제가 도와드리겠습니다. 돈을 제게 맡기시면 A 식당과 B 식당 가운데 어느 곳에 투자해야 할지, 또는 분산해서 60퍼센트는 A 식당에, 40퍼센트는 B 식당에 투자해야 할지 전문적으로 연구해보겠습니다. 하지만 공짜로 도울 수는 없으니 펀드 운용비로 일정 비용을 지불해야 합니다."

P는 이렇게 모은 돈으로 머니마켓펀드나 채권형 펀드, 주식형 펀드, 혹은 이 세 가지가 혼합된 혼합형 펀드에 투자할 수도 있다.

지금까지 몇 가지 예를 통해 돈의 가치 증가 방식에 대해 살펴보았다. 이제 조금 더 명확하게 이해하게 되었는가? 투자의 세계에서는 '모르지만 일단 해보자'는 식의 사고방식은 절대 안 된다. 모르는 것보다 모르는데 아는 척 행동하는 게 훨씬 더 위험하다. 투자의 기본 원리를 확실히 이해하고, 위험률과 수익률을 꼼꼼하게 따져보면서 관련 지식과 인내심으로 무장할 때 비로소 큰 성과를 거둘 수 있다.

○

투자, 제대로 알아보고 하라

투자 교육회사 창업자로서 지난해부터 온·오프라인에서 무수히 받은 질문이 하나 있다.

"최근 몇 년간 투자 플랫폼이 급격히 증가했는데 그중 어떤 플랫폼이 믿을 만한가요?"

반복되는 질문에 한번은 참다못해 몇 마디 했더니 즉각 이런 반응이 돌아왔다.

"블록체인을 좀 아세요? 암호 방식에 대해 이해하세요? 미래를 어떻게 전망하시나요? 과학 기술에 대해 잘 아시는 편인가요?"

사실 나는 암호라든지 미래, 과학 기술에 대해서는 잘 모른다. 하지만 금융과 인간의 속성에 대해서는 조금 아는 편이기에 다음의 세 가지 조언을 하고 싶다.

| 투자에서는 잘 모르는 일에 덤비는 게 아니다

중국의 20대 젊은이들 가운데 중국의 대표 재테크 상품인 '위어바오'조차 모르는 사람이 부지기수다. MMF나 채권, 전환사채, 주식, 선물 같은 건 더욱 말할 것도 없다. 그런데 이렇게 기본적인 투자 개념조차 모르는 이들이 투자하는 항목은 그야말로 기가 막히다.

얼마 전 특정 상장회사에 투자해도 좋을지에 대해 질문을 받았다. 찾아보니 놀랍게도 구석진 산골의 복숭아나무 숲이 상장을 했다는 것이었다. 한참을 검색해보고 여기저기 물어본 결과 한 증권형 크라우드 펀딩의 장난이라는 사실을 알게 되었다. 그 복숭아나무 숲은 농촌 체험 관광을 제공하고 돈을 버는 곳으로, 입장료를 포함한 1년 수입이 대략 3억 원 정도(수익이 아니라 수입이다) 되었다. 유통주식 수가 2천만 개라는 사실 때문에 유명세를 탄 것인데 주당 대략 300원에 매매되고 있었다. 그 허무맹랑함을 보고 소설도 이보다는 낫겠다 싶었는데 실제로 속아 넘어가는 사람이 꽤 있었다. 투자를 할 때 잘 모르는 일에 섣불리 덤벼서는 안 된다. 기본적인 개념을 잘 모른다면 투자를 다시 한 번 생각해볼 일이다.

| 투자에서는 사람 많은 곳에 가는 게 아니다

사람이 많은 곳에 가면 시비도 많고 훨씬 위험할 수 있다. 만일 무슨 일이 생겼을 때 키가 120센티미터에 체중이 25킬로그램도 안 되는 어린아이가 180센티미터에 60킬로그램인 어른들 틈바구니에서 버텨내기란 쉽지 않을 수 있다. 같은 이유로 주식시장에서 '인기주'를 무작정 쫓아가기 전에 먼저 본인의 능력부터 가늠해봐야 한다. 내 키는 얼마이고 체중은 얼마인지, 그리고 다른 사람의 키와 체중은 또 얼마인지 파악해야 한다. 이를 근거로 만일 무슨 일이 생겼을 때 내가 다른 사람들과 겨루어 이길 수 있을지 냉정하게 생각해봐야 한다.

| 투자에서는 반드시 숫자로 사고해야 한다

사실 투자 상품을 평가하는 기준은 아주 간단하다. 바로 위험률과 투자 수익률을 따져보는 것이다. 위험률을 예측하려면 일정한 형식의 분석 과정이 필요하지만 투자 수익률은 기본적으로 숫자 계산을 해보면 바로 알 수 있다. 투자자에게는 숫자로 사고하는 능력이 무엇보다 중요하다. 대다수의 투자 상품은 간단한 계산만으로도 투자할 가치가 있는지 없는지 판단할 수 있다.

5

장

꿈을 가로막는
'방해꾼'을
피하라

마블 영화에 나오는 슈퍼히어로들은 계속해서 적과 싸워 이기면서 성장해나간다. 우리 역시 끊임없이 우리의 앞길을 가로막는 '방해꾼'들을 이겨내야만 원하는 꿈을 이룰 수 있다. 대표적인 방해꾼들은 다음과 같다.

- 미루기: 중요한 임무를 완수하지 못하게 방해한다.
- 주의력 분산: 눈앞의 일에 온전히 집중하지 못하게 막는다.
- 'NO'를 못 하는 습관: 무의미한 일에 시간을 낭비하게 만든다.
- 완벽주의: 완벽을 추구하다 기진맥진하게 만든다.
- 3분의 열정: 열정이 언제나 3분에 그치게 만든다.

이 같은 내면의 방해꾼과 맞닥뜨렸을 때, 꿈으로 향하는 길을 가로막는 방해꾼과 대면했을 때 이겨내지 못한다면 영원히 꿈이라는 종착역에 닿을 수 없다. 마블 히어로와 같은 용기와 자신감을 장착하고 거기에 약간의 기술을 추가로 익혀 이 방해꾼들을 단번에 물리치자.

방해꾼 1 :
미루기

●

지금부터 A라는 친구가 주어진 업무를 어떻게 완수하는지 한번 살펴보자.

A는 특정 브랜드의 광고 기획안을 작성해야 한다. 50페이지 분량의 PPT를 일주일 안에 완성하라는 임무가 주어졌다.

월요일 아침, A는 우선 주말에 온 이메일을 확인하기로 했다. 해당 기획안 작성에 참고할 만한 고객의 새로운 의견이 있는지 살펴보고 싶었다. 컴퓨터를 켜고 메일을 여는데 인터넷 속도가 좀 느렸다. 기다리는 김에 SNS를 잠깐 확인해보기로 했다. 얼마 전 결혼해 발리로 신혼여행을 떠난 친구가 새로 올려놓은 사진들을 잠시 감상했다. 그러고 보니 자신도 올해 한 번은 해외여행을 다녀와야겠다는 생각이 문득 들었다. 발리도 괜찮아 보이지만 커플에게 더 적합한 곳 같았다. 또 다른 좋은 곳이 없는지 인터넷에서 검색하기 시작했다. 시간은 빠르게 흘러갔다. 정신을 차려보니 이미 점심시간이었다. 오후에는 회의가 잡혀 있었다. 그렇게 하루가 지나갔다.

화요일, A는 먼저 광고 기획안의 제목부터 멋지게 정해보기로 마음먹었다. 회사 자료실에 가서 한참 동안 이런저런 자료를 뒤적여보았다. 그렇게 하루 종일 찾았지만 그럴듯한 아이디어가 떠오르지 않았다.

수요일, 일단 제목 정하기는 포기하고 기획안의 기본 틀부터 짜보기로 결정했다. 동료 한 명이 이전에 비슷한 기획안을 작성했던 일이 떠올라 의견을 물어보기 위해 연락해보니 오늘은 휴가로 목요일에 출근을 한다고 했다. 이왕 이렇게 된 김에 오늘은 다른 일을 좀 하고 목요일에 그 동료가 출근하면 다시 기획안을 준비하기로 마음먹었다.

목요일 아침, 그 동료가 유용한 자료를 한가득 보내면서 조언까지 해주었다. A는 매우 기뻐하며 이 정도 자료면 세 시간 안에 기획안을 완성할 수 있겠다는 자신감이 들었다. 마감까지는 아직 시간이 충분하고 오전 근무 시간도 한 시간밖에 안 남았으니 일단 점심을 먹고 오후에 심기일전하여 시작해보기로 결심했다.

목요일 오후, 대학 동창이 갑자기 전화를 걸어와 주말 모임에 다 같이 갈 만한 식당을 좀 알아봐달라고 부탁했다. A는 몇 차례 전화를 걸어 모두의 의견을 물어본 후 내부 분위기도 좋고 음식 맛도 괜찮은 태국 음식점으로 결정해 예약하기로 했다. 그런데 음식점에 연락해보니 예약이 다 끝난 상태웠다. 다시 맘에 드는 식당을 찾아내 예약에 성공했을 때에는 이미 퇴근 시간이 다 되어 있었다.

금요일 마감 날, A는 출근하자마자 단숨에 이 기획안을 해치워버리기로 마음먹었다. 그런데 막상 시작하고 보니 세 시간으로는 도저히 불가능했다. 최소 8~10시간은 걸려야 완성할 수 있을 것 같았다. 하지만 아침에 이미 사장이 전화로 오후 2시에 고객과 미팅이 있으니 그때까지 반드시 완성된 기획안을 프린트해서 가져오라고 재촉한 상태였다. 어쩔 수 없이 A는 여기저기서 긁어모은 자료를 갖다 붙여 급하게 기획안을 완성했다.

A가 만든 기획안의 퀄리티가 어떨지는 안 봐도 뻔하다. 꿈을 향해 나아갈 때 가장 자주 만나는 방해꾼이 바로 이런 '미루기' 습관이다. 미루다 보면 어떤 피해를 입게 되는지는 말 안 해도 잘 알 것이다. 다행히도 미루는 습관은 불치병이 아니며 충분히 고칠 수 있다.

○
5분이면 미루는 습관을 고칠 수 있다

미루기 습관을 고치는 데에는 얼마나 걸릴까? 장담컨대 단 5분이면 충분하다. 믿지 못하겠다고? 책상 위에는 문서가 산더미처럼 쌓여 있고, 옷장 안에는 옷들이 뒤죽박죽 섞여 있으며, 3개월이 지났지만 논문에는 손도 못 댔고, 2년 전에 계획한 그림 배우기는 아직 시작도 못 했다. 이런 습관을 고치는 데 어떻게 5분이면 가능할까?

실제로 아주 간단한 방법으로 즉각적인 변화를 불러올 수 있다. 일단 알람시계나 휴대전화를 꺼내 타이머로 5분을 설정한 뒤 자신에게 이렇게 말하는 것이다.

"나는 지금부터 이 일에 딱 5분만 투자한다."

유명한 정리정돈 전문가가 바로 이 방법을 사용한다고 밝혔다. 오랫동안 청소를 미루어 지저분해진 방과 몇 년간 쌓아두기만 한 잡동사니들 앞에서 이 전문가는 타이머로 5분을 맞춘 후 신속하게 말끔히 정리해버린다. 그리고 5분을 알리는 벨이 울리면 아무런 죄책감 없이 일을 멈춘다. 이 전문가에 따르면 '5분 정리법' 덕분에 많은 이들이 집안일을 미루는 습관을 극복하고 방을 깨끗하게 정리하는 데 성공했다고 한다.

어떻게 5분이 이렇게 큰 효과를 발휘할 수 있는 걸까? 그건 미루기가 바로 심리적인 공포에서 비롯되기 때문이다. 우리 두뇌는 신기하게도 모든 감정을 사전에 시연해본 뒤 그 감정을 확대시키는 버릇이 있다. 우리가 방 정리를 할지 말지 고민할 때 우리 머릿속에서는 이런 일이 벌어진다.

'방 정리를 하겠다고? 벗어둔 지 3주도 넘은 냄새 나는 양말과 아무렇게나 놓아둔 먼지 쌓인 책들, 언제부터 거기에 있었는지 모르는 문서들 그리고…… 이걸 죄다 정리하려면 일고여덟 시간은 족히 걸리지 않을까? 게다가 오늘은 영화 보러 가기로 한 날이잖아! 지금부터 정리하기 시작하면…… 됐다, 차라리 시작을 안 하는 게 낫겠다.'

이렇게 우리의 두뇌는 방 정리에 대한 갖가지 두려움을 미리 시연해본 뒤 이를 확대시킨다. 그리고 그 커진 두려움으로 당신이 무기를 버리고 투항할 수밖에 없게 만든다. 그렇다면 '5분 정리법'을 시행했을 때 우리 머릿속에서는 또 어떤 일이 일어날까?

'방 정리를 하겠다고? 얼마나 엉망진창인데! 어쨌든 딱 5분이라면 못할 것도 없지. 하지만 5분 안에 다 정리하기는 어려울 거야! 뭐, 그래도 방 정리를 하긴 하는 거니까. 자, 파이팅!'

어떤가. 5분이라는 시간제한 앞에서 두뇌가 응원 모드로 바뀌는 걸 볼 수 있다. 아무리 어려운 일도 딱 5분만 들이면 되기에 행동에 나서는 것이다.

그렇다면 5분 후에는 어떤 일이 벌어질까? 5분간 정리를 한다고 해서 방이 완전히 깨끗하게 변할 리는 없다. 하지만 분명 이전과는 사뭇 다른 모습일 것이다. 이 같은 변화나 거기에서 오는 성취감이 우리를 자극하고 의욕을 불러일으킨다. 순간 우리 머릿속에서는 이런 생각이 든다.

'오, 제법 깨끗해졌네. 겨우 5분 정리했는데 이 정도라면 완벽하게 정리하는 데 일고여덟 시간까지는 걸리지 않겠어. 더 힘내서 정리해보는 게 좋겠다.'

보통 이 같은 작은 성취감은 우리를 더욱 분발시켜 임무를 지속하게 만드는 효과가 있다. 그렇다면 3개월간 미뤄둔 논문에 '5분 변화법'을 활용하면 어떻게 될까? 일단 타이머를 꺼내 5분을 설정한다. 그 짧은 시간 안에 과연 무엇을 할 수 있을까? 아마도 대강의 윤곽 정도는 잡을 수 있을 것이다. 그렇게 5분 동안 논문의 간단한 틀을 잡았다고 해보자. 그러면 우리 두뇌는 이렇게 생각한다.

'어? 생각보다 그렇게 어렵지 않네. 지난 3개월 동안 나는 대체 뭘 한 거지? 대강의 틀을 잡고 보니 어떤 방향으로 논문을 써나가야 할지 알 것 같다. 한번 계속 이어서 써봐야겠다.'

이렇게 5분이면 오랜 세월 우리를 끈질기게 따라다니던 미루기 습관을 단번에 고칠 수 있다. 그래도 믿지 못하겠다면 지금 바로 휴대전화를 꺼내 타이머를 5분에 맞추고 시도해보라!

○
'5분 변화법' 사용 시 주의사항

5분 변화법을 사용할 때 지켜야 할 몇 가지 원칙이 있다. 이 원칙을 준수한다면 우리 두뇌가 더욱 분발해서 적극적으로 행동에 나서게 하는 데 도움을 줄 수 있다.

| 생각하지 말고 일단 행동하라

어떤 일을 오랫동안 미루는 이유는 보통 두뇌의 시연 과정을 통해 두려움이 증폭되었기 때문이다. 생각을 하면 할수록 두뇌의 어려운 일에 대한 시연 횟수도 늘어나면서 결국 '원상태 유지'라는 결론에 도달하게 된다. 따라서 5분 변화법의 첫 번째 원칙은 '생각하지 말고 일단 행동할 것'이다. 해야 할 일이 있다면 타이머를 맞추고 즉각 그 일을 시작하라. 5분이면 해볼 만하다, 우리 두뇌가 이렇게 생각하면서 지지하고 도와줄 것이다.

예컨대 책상 위에 문서가 가득 쌓여 있다고 하자. 이때 문서들을 어떤 기준으로 분류할지, 이 문서는 어느 쪽으로 분류하는 게 합리적일지 등에 대한 고민을 시작하면 결국 그로 인해 책상을 정리하려던 마음은 싹 사라질지도 모른다. 생각나는 순간 바로 행동에 옮겨야 한다. 이것이야말로 두뇌의 방해를 피하는 최고의 방법이다.

| 가장 성취감을 느낄 수 있는 일부터 시도하라

5분 변화법의 성공 비결은 바로 낮은 목표 설정이다. 즉, 5분만 행동하면 된다는 데 있다. 낮은 목표는 달성하기 쉽고, 달성하고 나면 성취감도 느낄 수 있다. 그리고 이 성취감이 미루는 습관을 극복하는 데 중요한 요인으로 작용한다. 성취감이 크면 클수록 우리는 더 큰 동력을 얻게 된다.

예컨대 미뤄두었던 논문 작성을 5분간 시도한다고 해보자. 이때 글을 쓴다면 200자 원고지 한 장 정도밖에 쓸 수 없을 것이다. 그러면 앞으로 남은 부분이 더 많다는 생각에 그만 포기해버릴 수도 있다. 반면 5분 동안 논문의 기본적인 틀을 짜본다거나 봐야 할 참고문헌 목록을 작성한다면 앞으로의 논문 방향이 정해지면서 더욱 큰 성취감을 느낄 수 있다. 이렇게 뿌듯한 마음에 작은 성취를 응원하면서 더 큰 변화도 충분히 이루어낼 수 있다고 믿게 된다.

| 앞으로 더 많은 노력이 필요함을 기억하라

5분 변화법은 미루는 습관을 고치는 데 효과적인 방법이지만 5분 안에 해낼 수 있는 일에는 어디까지나 한계가 있다. 5분 동안 모든 문서를 정리할 수도 없고, 방 전체를 청소할 수도 없으며, 논문 한 편을 완성하는 일 역시 불가능하다. 이는 멋진 시작일 뿐이라는 사실을 잊지 마라. 물론 "시작이 반이다"라는 말도 있지만 어쨌든 절반에 그친 것이기에 앞으로 더 많은 노력이 필요하다. 어렵지만 일단 5분간의 행동으로 우리 두뇌가 그 같은 어려움 정도는 충분히 극복할 수 있다고 믿게 만든다면 분명 진정한 변화를 가져올 수 있다.

○

아무것도 안 해버리는 이열치열법

자꾸만 미루는 이유는 어떻게든 그 일을 회피하고 싶기 때문이다. 이때 쓸 수 있는 또 하나의 간단한 해결책이 있다. 바로 '이열치열법'이다. 방법은 무척 간단하다. 미루기 병이 미루기만 하고 해야 할 일을 안 하는 것이라면, 이열치열법은 정말 아무것도 안 하는 것이다. 하던 일을 모두 멈추고 가만히 의자에 앉아 있어야 한다. 컴퓨터도, 휴대전화도 보지 않고 옆 사람과 대화도 하지 않으며, 문서에는 손도 대지 않은 채 그저 혼자 조용히 앉아 15분을 보내야 한다.

처음으로 이 방법을 시도한 시기는 내가 어떤 특정 업무를 맡았을 때였다. 당시 나는 자동차 부품 분야의 전문가를 취재하기 전에 질문사항을 정리해 취재 원고를 작성해야 했다. 우선 엄청난 양의 자료 수집이 필요했는데 전혀 모르는 분야이다 보니 어디서부터 손을 대야 할지 몰랐다. 본래 3일 안에 완성해야 하는 업무를 미루고 미루다 그날이 드디어 마지막 날이었다. 나의 미루기 병을 탓하면서도 여전히 메일을 쓰고 문서를 정리하는 등 전혀 중요하지 않은 일을 하면서 애써 그 업무를 회피하고 있었다.

그때 인터넷 서핑을 하다가 이열치열법을 발견했고 한번 시도해보기로 했다. 그리고 시작한 지 3분이 되었을 때 제법 괜찮은 방법이란 생각이 들었다. 미루기 병을 치료한다는 핑계로 당당하게 중요한 업무를 회피하고 있었기 때문이다. 그렇게 시간을 보내고 있는데 갑자기 경영대학원 재학 시절 알게 된 친구 하나가 자동차 회사에서 근무하고 있다는 사실이 떠올랐다. 바로 전화해서 의견을 물어보고 싶었다. 하지만 타이머를 15분에 맞춰두었기 때문에 그냥 앉아 있을 수밖에 없었다. 점차 무료함이 밀려왔다. 이럴 시간에 차라리 회사 내에서 비슷한 종류의 일을 해본 동료를 찾아가 물어보는 편이 낫겠다는 생각이 들었다. 그렇게 15분 동안 그 업무를 해낼 수 있는 다양한 방법들이 차례로 떠올랐지만 나는 전혀 움직일 수 없었다.

드디어 15분이 지나 타이머가 울리자마자 그 즉시 책상 위에 있는 전화기를 집어 들고 자동차 회사에 다니는 친구에게 전화를 걸었다. 친구는 매우 유용한 조언들을 해주었고 나는 이를 종합해 취재 원고를 작성한 뒤 비슷한 업무 경험이 있는 회사 동료에게 검토를 부탁했다. 그 결과 그날 퇴근하기 전에 해당 업무를 마무리할 수 있었다.

이열치열법이 효과적인 이유는 '아무것도 할 수 없는 15분' 동안 그냥 가만히 앉아만 있기가 얼마나 지루하고 고통스러운지 온몸으로 체감하기 때문이다. 이렇게 아무 일도 하지 않으면서 무료함에 몸부림치느니 차라리 주어진 업무를 하는 편이 더 재미있겠다는 생각이 자연스럽게 들게 된다. 그리고 즉각 행동에 나서면서 미루기 병에서 벗어나는 것이다.

○
작은 보상을 주는 포인트 적립법

미루기 병을 고칠 또 하나의 방법은 '포인트 적립법'이다. 일단 시작하면 누구나 멈추기 힘든 온라인 게임을 한번 생각해보자.

"지금은 게임을 하고 싶지 않으니 며칠 미뤄두었다 해야겠어."

이렇게 말하는 게임 마니아를 나는 본 적이 없다. 왜일까? 실제처럼 실감나는 게임 화면과 뛰어난 음향 효과 외에도 게임에는 포인트라는 장치가 늘 따라다닌다. 일정 포인트를 쌓으면 그에 상응하는 상과 교환할 수 있는

데 대부분의 온라인 게임이 이런 식으로 운영된다. 소형 괴물을 100마리 물리치면 내 파워가 5점 올라가고, 중형 괴물 100마리와 싸워 이기면 검을 한 자루 획득하는 식이다. 이렇게 점점 게임 레벨이 상승함에 따라 물리치는 괴물의 수도 늘어나고, 받는 상도 많아지기에 그만두고 싶어도 멈출 수가 없다. 바로 이 같은 게임의 포인트 적립법을 활용하면 미루기 습관을 고칠 수 있다.

포인트 적립법을 실행하기 위해서는 먼저 숫자로 셀 수 있는 일을 찾아 스스로 목표치를 정한 후 완수하기 위해 노력해야 한다. 그런 다음 목표치에 도달하면 자신에게 적당한 선물을 준다. 단, 과한 지출은 금물이다.

예전에 MBA 과정을 준비하던 시절, 나는 수학이 유독 어려웠다. 선형대수와 확률은 대학 때 한 번도 배운 적이 없었기에 다음과 같은 목표를 정했다.

'수학 연습문제 50개를 풀 때마다 나에게 작은 상을 주자.'

스스로 정한 목표에 도달하면 밖에서 맛있는 밥을 한 끼 사먹거나 서점에 가서 좋아하는 책을 한 권 구입하곤 했다. 내가 총 몇 개의 수학문제를 풀었는지 기록하는 노트도 따로 마련했다. 문제마다 형광펜으로 큼지막하게 숫자를 써나가면서 50에 가까워질 때면 상당한 성취감을 느꼈다. 게임에서 괴물을 물리쳐 포인트가 쌓여갈 때와 똑같은 느낌이었다.

내가 아는 한 친구는 독서 습관을 기르기 위해 책을 10페이지 읽을 때마다 커다란 유리관에 동전을 던져 넣었다고 한다. 그는 책상 위에 동전을 쌓아놓고 던져 넣을 때마다 큰 만족감을 느꼈다. 그 결과 얼마 지나지 않아 유리관이 동전으로 가득 찼고, 계획했던 독서를 성공적으로 마칠 수 있었다. 이렇듯 포인트 적립법은 즉각적인 만족감과 작은 보상을 통해 미루기 습관을 개선할 수 있는 매우 효과적인 방법이다.

○
승부욕을 자극하는 미션 경쟁법

4년마다 개최되는 올림픽은 전 세계인을 열광시킨다. 이 같은 스포츠 경기의 매력은 경쟁을 한다는 데 있다. 미루기 병을 고칠 마지막 방법은 다른 사람 혹은 자신과 경쟁하는 것이다.

미션 경쟁법을 실행하기 위해서는 먼저 경쟁이 가능한 항목을 선택한다. 그런 다음 이 항목을 함께 수행할 사람을 찾는다. 마땅한 상대가 없다면 나 자신도 괜찮다. 끝으로 반드시 승리를 쟁취하겠다는 마음으로 경쟁을 시작한다.

고등학교 시절, 전교생이 귤 농장에 일을 도우러 간 적이 있다. 남학생들은 귤을 옮기고, 여학생들은 귤에 상표를 붙이며 포장하는 일을 전담했다. 그야말로 단조롭고 지루한 작업이었다. 그런데 내 옆에 있던 여학생의 작업 속도가 유난히 빨랐다. 나는 그 애를 경쟁 상대 삼아 조용히 마음속으로 나만의 시합을 시작했다. 그러자 놀라운 집중력이 발휘되면서 반나절이 순식간에 지나갔다. 마지막으로 내가 해낸 작업량이 그 애보다 많다는 걸 확인한 순간 정말 뛸 듯이 기뻤다.

나 자신과 경쟁하는 경우도 많다. 처음 취업했을 때 내 업무 중 하나는 타자를 치는 일이었다. 당시 회사 사장이 손 글씨로 쓰는 걸 좋아하다 보니 이후 컴퓨터에 입력하는 건 내 몫이었다. 지루한 작업이기에 최대한 피하고 싶었지만 어쩔 수가 없었다. 그래서 이런 방법을 한번 사용해보기로 했다. 일정한 시간, 예컨대 10분을 설정해둔 뒤 빠른 속도로 타이핑을 하는 것이었다. 워드에 글자 수를 세주는 기능이 있기에 10분간 내가 몇 글자를 타이핑했는지 바로 확인할 수 있었다.

한 차례 타이핑이 끝나면 잠시 쉬었다가 다시 10분을 설정해서 어떻게든 이전보다 더 많은 글자를 입력하려 애썼다. 기억하기로 매번 10분이 시작될 때마다 숨을 한번 크게 들이마신 뒤 머리를 숙이고 필사적으로 타이핑에 몰두했던 것 같다. 그런 뒤 득의양양하게 공책에 성적을 기록했다. 이 방법으로 나의 미루기 습관을 고쳤을 뿐 아니라 덩달아 타이핑 실력도 키울 수 있었다. 이후 결혼하기 전 남편과 온라인 채팅을 할 때에도 이 능력이 빛을 발했다.

미션 경쟁법은 올림픽에 참가하는 것과 같다. 우리는 참가 선수로서 높은 성적을 내기 위해 최선을 다해야 한다. 올림픽에 참가한 선수가 경기를 미루는 모습을 본 적이 있는가? 최고의 성적과 명예를 얻기 위해서 더 이상 미뤄서는 안 된다.

방해꾼 2:
주의력 분산

나는 TED 강연(미국의 비영리 재단에서 정기적으로 여는 기술, 오락, 디자인 등의 강연)을 즐겨 본다. TED 강연을 통해 세상이 얼마나 빠르게 변하고 있는지 실감하곤 하는데, 그중에서도 무척 놀라운 강연이 하나 있었다. 한 개발자가 뇌파를 읽는 헤드셋에 관해 소개하는 강연이었다. 헤드셋처럼 생긴 간단한 장치를 머리에 쓰고 정신을 온전히 집중하면 뇌파의 강약에 따라 컴퓨터상의 물체가 커졌다 작아졌다, 멀어졌다 가까워졌다 하고 심지어 사라지기까지 했다. 이 기술은 이미 응용 단계에 접어들었다고 한다. 다시 말해 우리가 곧 뇌파를 사용해 모든 기계를 조종할 수 있게 된다는 말이다.

예컨대 뇌파를 사용해 전등을 켜고, 문을 열고, 심지어 자동차 운전까지

가능해질 것이다. 그런데 만일 정신을 집중하지 못한다면 헤드셋은 그의 뇌파 신호를 인식할 수 없을 것이다. 그러면 어떤 일이 벌어질까? 정신을 집중해서 뇌파를 내보내 기계에 명령을 내려야 하는 세상에서 집중력을 발휘하지 못한다면 아마 생존 자체가 불가능해질지도 모른다.

전자기기 마니아로, 최신 전자제품과 소프트웨어에 열광하는 친구가 한 명 있다. 그는 재미있는 온라인 게임을 찾아내 늘 가장 먼저 주변 사람들에게 소개해주곤 한다. 그의 일상은 다음과 같다.

최신 전자제품이 출시될 때마다 그 즉시 구매해 사용하다가 어느 순간 구석에 방치해둔다. 새 책을 사면 늘 몇 페이지 읽다가 그만두기에 끝까지 읽은 책이 별로 없다. 하던 일을 멈추고 이메일에 답장을 보내기도 한다. 반면 그의 이메일 임시보관함에는 쓰다 만 메일이 수두룩하다. 새로운 아이디어는 넘쳐나는데 늘 생각으로만 그친다. 아이디어를 구체화해서 틀을 갖춘 기획안으로 발전시키지 못한다.

지금 우리는 정보화 시대에 살고 있다. 각종 정보들이 다양한 방법을 동원해 어떻게든 우리의 주의를 끌기 위해 각축전을 벌인다. 광고업자들은 뇌과학과 심리학에 정통하며, 어떤 화면과 문구를 사용해야 소비자의 시선을 사로잡을 수 있는지 누구보다 잘 알고 있다. 그러다 보니 일단 익혀두면 오랜 시간 우리에게 유익함을 제공하는 외국어 공부나 운동 같은 것은 한없이 지루하게 느껴지기도 한다. 그 결과 주의력 분산은 이미 현대인이라면 누구나 가지고 있는 문제 가운데 하나가 되었다. 주의력 분산이 심한 사람은 여러 분야에 흥미를 보인다 해도 효율성이 떨어지며, 하나의 일에 집중해 끝까지 마치지 못한다. 이 같은 주의력 분산이라는 방해꾼은 어떻게 물리쳐야 할까?

○
나중에 할 일은 적어두고 현재에 집중하라

주의력 분산은 보통 외부 환경 때문에 생기는 경우가 많다. 가령 갑자기 전화가 걸려온다거나, 동료가 문을 열고 들어와 업무에 관해 상의할 것이 있다고 말하기도 한다. 이럴 때 효과적인 해결책은 메모지를 꺼내 나중에 처리해야 할 일을 적어두는 것이다. 집중력을 흐트러뜨릴 수 있는 일을 열거한 후 처리는 나중으로 미루고, 지금은 오로지 하고 있던 일에만 집중해야 한다.

예컨대 일단 지금부터 한 시간 동안은 업무에만 집중하겠다는 계획을 세운다. 그리고 이 시간 안에 동료가 문을 열고 들어오면 먼저 무슨 일인지 묻고 지금은 여유가 없으니 한 시간 뒤에 다시 이야기하자고 한다. 그리고 그 일을 메모지에 기록한다. 또 업무 도중 갑자기 찾아봐야 할 일이 떠오를 경우 그 즉시 검색창을 열어서는 안 된다. 검색창을 여는 순간 집중력이 분산되고 생각의 흐름도 끊기면서 다시 이전 상태로 돌아가는 데 오랜 시간이 걸리기 때문이다. 이 경우에도 검색할 일을 일단 메모지에 기록해둔다.

또한 휴대전화를 무음 모드로 설정해둔 뒤 누군가에게 전화가 올 경우 자동으로 '회의중입니다, 이후에 전화드리겠습니다'라는 문자가 발송되도록 설정해둔다. 사실 세상에는 지금 당장 긴급히 연락해야 할 일이 그리 많지 않다. 가족에게 무슨 일이 생긴 게 아니라면 한 시간 뒤에 처리한다고 큰일이 나는 경우는 거의 없다.

결론적으로 주의력을 분산시키는 일이라면 설령 물 한 잔을 마시는 일이라 해도 바로 실행하지 않아야 한다. 그런 일이 생각날 때마다 일단 메모해두고 지금은 하고 있던 일에만 온전히 집중하도록 한다.

나중에 할 일을 적어두면 다음과 같은 장점이 있다. 이후에 비슷한 종류의 일을 묶어서 하면 효율을 높일 수 있다. 예컨대 전화 통화 할 일이 다섯 건 있을 경우 한꺼번에 몰아서 하면 확실히 시간을 절약할 수 있다. 할 일을 메모해둔 다음 나중에 하게 되면 그게 정말 중요한 일인지, 나에게 꼭 필요한 일인지 생각해볼 기회가 생긴다. 가장 큰 장점은 나중에 할 일을 적어둔 덕분에 다른 생각은 모두 떨쳐버리고 오직 눈앞의 일에만 집중할 수 있다는 점이다.

○

긴박감을 주는 카운트다운 업무법

'카운트다운 업무법'이란 말 그대로 타이머의 카운트다운 기능을 이용하는 방법이다. 마감 시간이 다가오면 본능적으로 느끼게 되는 초조함을 통해 집중력을 향상시키는 것이다. 구체적인 방법은 다음과 같다.

첫째, 카운트다운 기능이 있는 기기를 준비한다. 휴대전화의 타이머 기능이나 주방에서 사용하는 요리용 타이머를 활용해도 좋다. 지금은 이런 기능을 가진 앱도 상당수 출시되었다. 25분간 집중해서 일한 뒤 5분간 휴식을 취하는 '뽀모도로 기법'도 토마토 모양으로 생긴 타이머를 이용한 데서 그 이름이 유래했다.

둘째, 타이머를 맞춘 후 정해진 시간 안에 해낼 일을 정한다. 시간은 약간 촉박하게 설정해야 일정한 긴장감을 유발할 수 있다. 예컨대 메모장을 확인해보니 이메일 열 통에 답신을 보내야 하는데 이 일에 보통 30분이 소요된다면 타이머는 25분에 맞춰둔다.

셋째, 일을 시작한 다음 타이머가 울릴 때까지 지속한다. 타이머의 숫자가 줄어들수록 긴박감이 느껴지면서 분산되었던 주의력이 갑자기 자극을 받는다. 특히 이미 시간이 절반이나 흘렀는데 할 일을 아직 반도 못 했다면 그 초조함은 이루 말할 수 없다. 이 같은 초조함과 긴박감이야말로 주의력 향상에 꼭 필요한 자극제다.

대부분의 온라인 게임에도 이런 장치가 심어져 있다. 게임계의 고전 중 고전인 '테트리스'에서는 위쪽에서 떨어지는 블록이 맨 위에 닿을 때까지가 바로 카운트다운이다. 정해진 시간 안에 위에서 떨어지는 여러 가지 모양의 블록을 회전하고 움직여 적절한 자리에 채워 넣어야 한다. 난이도가 올라갈수록 블록은 점점 더 빨리 떨어진다. 즉, 주어지는 시간이 점점 짧아지면서 게임을 하는 사람은 더 큰 긴박감을 느끼게 된다. 이러한 카운트다운 업무법은 다양한 상황에서 큰 효과를 발휘한다.

○
휴식 시간을 중시하라

주의력이 분산되는 데에는 육체적인 피로도 큰 영향을 끼친다. 누구나 이런 경험이 있을 것이다. 하루 종일 일하느라 지친 상태인데 갑자기 또 다른 업무가 급하게 주어진다. 그런데 아무리 노력해도 도무지 집중이 되질 않는 것이다. 이는 우리 몸이 구조 신호를 보내고 있기 때문이다.

일반적으로 사람이 고도의 집중력을 발휘할 수 있는 시간은 20분이라는 것이 과학적으로도 증명되었다. 여기에다 집중 상태로 진입하는 데 5분 정도가 소요된다. 그러므로 업무를 30분 단위로 나누어 처리하는 게 합리적이다. 업무 중간에 주어지는 휴식 시간에는 반드시 쉬어야 한다. 이 휴식이 다음 업무를 처리하는 데 밑거름이 되어준다.

"나는 두 시간 동안 쉬지 않고 일해도 아무렇지 않아!"

이렇게 말하는 사람도 있을 수 있다. 하지만 두 시간 내내 집중력을 발휘해 몰입하는 건 거의 불가능하다. 예전에 여러 차례 실험을 해본 결과 30분 일하고 5분 쉬는 식으로 4회 연속하는 방식이, 두 시간 연속으로 일하는 것보다 업무 효율이 훨씬 높은 것으로 나타났다.

휴식은 다음과 같이 실천해볼 수 있다.

- 한 달에 한 번은 주말에 소풍을 가거나 친구를 만나거나 공연을 관람하는 등
  긴장을 풀고 완벽하게 휴식을 취한다.
- 일주일에 하루는 업무와 관련된 일을 전혀 하지 않고 충분히 쉰다.
- 하루에 한 시간, 마음을 편안하게 해주는 일을 하거나 낮잠을 잔다.
- 한 시간 중 10분은 손에 잡은 일을 잠시 놓고, 물을 마시거나 스트레칭을 하
  거나 혹은 먼 곳을 잠시 바라본다. 아니면 잠깐 거닐면서 휴식 시간을 갖는다.

휴식은 어떻게 취하는지도 중요한데, 최대한 업무 방식과는 다른 방법으로 쉬는 게 머리를 식히는 데 효과적이다.

예컨대 주로 컴퓨터로 업무를 본다면 쉴 때에는 최대한 컴퓨터를 멀리하고 시각적인 자극도 최소화하면서 음악을 듣거나 몸을 쓰는 활동을 하는 것이 좋다. 그렇지 않으면 우리 대뇌의 특정 부위가 지속적으로 자극을 받으면서 온전히 휴식을 취할 수 없다. 휴식 시간에 반드시 쉬면서 적절한 운동까지 곁들인다면 몸 안의 에너지가 충만해지면서 고도의 집중력을 발휘할 수 있다.

○
머리를 완전히 비워라

현대인들은 머리는 과도하게 사용하는 반면, 몸은 그다지 움직이지 않는 경향이 있다. 머리는 매일 홍수처럼 쏟아지는 정보로 인해 폭발 직전이지만 잠깐의 휴식도 허용되지 않는다. 우리가 하루에 받아들이는 정보량은 지난 100년간 인류가 평생 접한 정보량보다 많다고 한다. 설령 컴퓨터도, 휴대전화도 보지 않은 채 거리를 걷는다 해도 대형 광고판과 스피커에서 흘러나오는 요란한 광고 소리 등 우리의 머리가 정보의 폭격을 받지 않는 순간은 거의 없다.

예전에 한 명상센터에서 매일 5분간 명상하는 법을 배운 적이 있는데, 일명 '옴자 명상법'이라고 한다. 구체적인 순서는 다음과 같다.

첫째, 편안한 자세로 앉는다(혹은 선다).

둘째, 양손을 깍지 껴서, 한 엄지손가락으로 다른 손의 노궁혈(남자는 왼쪽, 여자는 오른쪽 손바닥 가운데 지점)을 누른 상태로 배꼽 위치에 가져간다.

셋째, 눈을 감고 한 가지 소리(옴: 불교에서 가장 위대한 것으로 여겨지는 신성한 음절)를 상상한다. 단, 이 소리가 끊임없이 계속 이어져야 한다.

넷째, 명상을 마친 후에는 두 손을 비벼서 손바닥이 약간 따뜻해졌을 때 얼굴 안쪽에서 바깥쪽으로 다섯 차례 원을 그리듯 마사지해준다.

이 방법은 좌선을 하고 명상하는 법과 유사하다. 과거 명상을 할 때에는 이런저런 잡념을 떨쳐버리기 힘들어 오래 지속할 수가 없었는데, 한 가지 소리에 집중하다 보니 머리를 비우기가 훨씬 쉬웠다. 그 이유는 우리 뇌가 단선형 처리 패턴을 지녔기 때문이다. 한 번에 한 가지 일밖에 생각하지 못하기에 소리를 계속 이어가는 데 집중하다 보면 머리에 다른 생각이 비집고 들어올 틈이 없어진다. 그 결과 완벽한 휴식이 가능해지는 것이다.

반년간 수련해본 결과 옴자 명상법을 하면 마음이 평안해지는 것을 느꼈다. 더불어 집중력이 향상되는 효과도 누렸다. 일을 할 때 잡념이 적어지면서 현재 하고 있는 일에 몰입하기가 훨씬 쉬워진다.

방해꾼 3:
'NO'를 못 하는 습관

C는 대인관계 지수가 무척 높은 여성이었다. 누구에게나 친절하고 상냥하다 보니 회사에서 좋아하지 않는 사람이 없을 정도였다.

"C, 영어 잘하죠? 제가 마이클 사장님께 이메일을 보내려고 하는데 혹시 틀린 문법이 있는지 좀 봐줄래요? 알다시피 이분이 작은 일에도 좀 꼼꼼한 편이잖아요."

"C, 발리 가봤죠? 제가 신혼여행을 발리로 갈 계획인데 가볼 만한 곳 추천 좀 해줄래요?"

"C, 오늘 오후에 드디어 짠돌이 린다가 커피를 사겠다고 하네요. 우리 오늘 비싼 것 좀 먹어볼까요? 이따가 함께 내려가 봐요."

"C, 다음 주 수요일에 고객과 미팅이 있는데 함께 참석할 수 있죠?"

"C, 에드워드가 지금 외부에 나가고 없는데 대신해서 손님 응대 좀 부탁해요."

C는 본래 인사과 직원이었다. 그렇다 보니 매달 말 실적평가 기간이 되면 장시간 집중해서 일해야 했다. 그런데 주변의 이런저런 요구를 들어주다 보면 일의 흐름이 자꾸 끊겨 도무지 업무 효율이 오르지 않았다.

우리 역시 주변 사람들에게 종종 요구나 부탁을 받곤 한다. 마땅히 내가 해야 할 일도 있지만 그렇지 않은 경우가 더 많다. 그런데도 혹시 친구나 동료의 감정을 상하게 할까봐 거절을 못 하지는 않는가?

'No'를 못 하는 사람들은 따뜻한 마음의 소유자이거나 대인관계를 중요시 여기는 경우가 많다. 원만한 대인관계에 문제가 생길지도 모른다는 걱정 때문에 다른 사람의 요구를 거절 못 하는 것이다. 보통 이런 종류의 걱정을 한다.

- 사장님의 요구를 거절했다가 아예 눈 밖에 날 수도 있다.
- 동료의 요청을 들어주지 않으면 뒤에서 나에 관해 안 좋게 말할 수도 있다.
- 친구의 부탁을 모른 척했다가는 앞으로 이 친구를 잃게 될지도 모른다.

이렇게 거절 못 하는 습관 때문에 본인이 오히려 곤란한 상황에 처하곤 한다. 다른 사람의 잡다한 요구를 들어주다 정작 자신에게 중요한 일은 처리하지 못하기 일쑤다.

○
왜 'NO'라고 말하기 힘들까?

사실상 'No'라고 말했을 때 초래되는 결과는 우리가 상상하는 것만큼 그렇게 심각하지 않다. 한 통계 자료에 따르면 거절 능력은 그 사람의 자신감과 정비례한다고 한다. 즉, 자신감이 높은 사람일수록 자신과 무관한 일에는 'No'라고 말할 줄 안다는 뜻이다. 다른 각도에서 말해보면, 우리가 타인의 요구를 거절하지 못하는 이유는 실제로 안 좋은 결과가 발생하기 때문이 아니라 자신감이 부족하다 보니 혹시 일어날지도 모르는 나쁜 결과를 '두려워하기' 때문이다.

사람들은 일단 두려움에 사로잡히면 그 일로 인해 벌어질 수 있는 안 좋은 결과를 무한히 확대시키는 경향이 있다. 마치 C가 타인의 부탁을 거절하는 것에 대한 두려움 때문에, 이메일 내용을 검토해달라는 동료의 요청에 응하지 않을 경우 매우 심각한 상황이 발생할 거라고 생각하는 것과 마찬가지다. 하지만 사실상 C가 요구를 거절한다 해도 동료의 기분은 조금 나쁠지언정 회사 내에서 무슨 큰 일이 벌어지지는 않는다. 어쨌든 그건 동료 자신이 해결해야 할 업무이기 때문이다.

만일 'No'라고 말하는 게 두렵게 느껴진다면 일단 작은 일에서부터 일부러라도 거절하는 연습을 해보자. 그런 경험이 쌓이다 보면 중요하지 않은 일에는 'No'라고 말할 줄 아는 용기가 생길 것이다.

○
나에게 더 유리한 결정을 하라

거절을 못 하는 사람에게는 남을 돕는 일이 큰 부담처럼 느껴질 수도 있다. 자신에게는 전혀 중요하지 않은 일을 해결하는 데 많은 시간을 소비해야 하기 때문이다. 이런 사람은 먼저 마음의 짐을 해결하는 게 급선무다. 스스로에게 이렇게 한번 질문해보자.

'만약 내가 이 일을 거절할 때 일어날 수 있는 최악의 결과는 무엇일까?'

이 질문을 종이에 쓰고 그 아래에 본인이 상상하는 최악의 결과들을 써본다. 동시에 또 하나의 질문도 함께 쓴다.

'만일 내가 No라고 말했을 때 나에게 좋은 점은 무엇일까?'

그런 다음 이 두 가지 질문에 대한 답을 비교해보고 둘 중 무엇이 자신에게 더 중요한지 생각해볼 필요가 있다. 앞서 C가 회사에서 겪은 일을 한번 예로 들어보자. 동료가 C에게 이런 부탁을 한다.

"C, 영어 잘하죠? 제가 마이클 사장님께 이메일을 보내려고 하는데 혹시 틀린 문법이 있는지 좀 봐줄래요? 알다시피 이분이 작은 일에도 좀 꼼꼼한 편이잖아요."

C는 종이에 이렇게 썼다.

'동료의 부탁을 거절했을 때 일어날 수 있는 최악의 결과는?'

그러자 다음과 같은 답이 나왔다.

– 거절을 당해 불쾌해진 동료가 다른 동료들에게 나에 관해 안 좋은 말을 하고 다닌다.

– 동료가 앙심을 품고 사장에게 고자질을 한다.

– 나와 친구 관계를 끊는다.

동시에 이런 질문도 적었다.

'동료의 부탁을 거절했을 때 나에게 좋은 점은?'

– 이번 달에 마쳐야 할 주요 업무에 더 많은 시간을 쏟을 수 있다.

– 앞으로 이 동료가 도움을 청하지 않으면서 더 많은 시간을 절약할 수 있다.

– 옆에서 지켜본 다른 동료들 역시 나에게 부탁하는 횟수를 줄일 수 있다.

C는 종이에 쓴 두 가지 질문의 답을 비교해보았다. 동료의 부탁을 거절했을 때 벌어질 수 있는 최악의 결과는 상상했던 것처럼 그렇게 심각하지 않았다. 반면 부탁에 응하지 않을 경우 자신의 일에 더 많은 시간을 투자하게 되면서 업무적으로 좀 더 긍정적 효과를 기대할 수 있었다.

정리해보면, 평소 거절 못 하는 습관을 해결하는 첫 번째 방법은 최악의 결과가 어느 정도인지 구체적으로 생각해보는 것이다. 그런 다음 'No'라고 했을 때의 장점과 비교해 어느 편이 자신에게 더 유리한지 판단해보는 과정이 필요하다. 그러다 보면 더 이상 타인의 요구를 거절하는 일을 두려워하지 않게 될 것이다.

○
거절을 할 때도 기술이 필요하다

만일 내가 실제로 곤란한 상황이라면 거절을 해도 상대가 이해해줄 가능성이 높다. 하지만 무뚝뚝한 거절 방식은 상대의 반감을 유발할 수 있다. 반대로 지나치게 완곡한 거절은 'No'라고 말한 목적을 달성하기 어렵게 만든다. 다음에 나오는 거절의 기술을 익힌다면 더 많은 시간을 정말로 중요한 일에 쓸 수 있다.

| 상대의 요구에 열심히 귀 기울인다

상대가 부탁하는 그 즉시 거절의 말을 내뱉어서는 안 된다. 상대가 입을 열기 무섭게 단호하게 거절해서 아무 말도 못 하게 막아서는 안 된다. 성급한 거절은 그 자체로 반감의 대상이 될 수 있기에 참을성 있게 끝까지 상대의 말에 귀 기울여야 한다. 그러면서 부탁의 내용과 이유를 파악하고, 상대의 입장에서도 한번 생각해보면서 그 부탁의 중요성을 충분히 공감하는 모습을 보여주어야 한다. 이를 통해 당신이 그냥 쉽게 거절하는 것이 아니라 열심히 고민한 끝에 내린 부득이한 결론임이 느껴지게 만들어야 한다.

| 사과의 말로 상대의 마음을 풀어준다

나도 능력이 안 돼서, 또는 급한 사정 때문에 어쩔 수 없이 거절한다는 뜻을 전하기 위해서는 "정말 미안한데", "양해해주길 바란다"와 같은 사과의 말을 반드시 덧붙여야 한다. 그래야만 상대가 거절당한 충격을 어느 정도 완화시켜줄 수 있고, 좌절감이나 적대적 감정 역시 해소시킬 수 있다.

| 'No'는 분명하고 단호하게 한다

내가 해주고 싶지 않거나, 혹은 들어줄 수 없는 부탁이라면 부드러운 태도로 거절하는 동시에 'No'는 명확하고 단호하게 해야 한다. 지나치게 완곡하거나 에둘러 거절할 경우 상대가 헛된 희망을 품게 되면서 그로 인해 오해를 유발할 가능성이 높다. 그러다 결국 자기 요구가 받아들여지지 않았을 때에는 속았다는 느낌을 받으며 불쾌해할 수 있다.

| 거절의 이유를 확실히 설명한다

'No'라는 한마디에 상대가 바로 수긍할 거라고 기대해서는 안 된다. 'No' 뒤에는 반드시 합당한 '설명'이 뒤따라야 한다. 이유 없는 거절이나 단순한 핑계가 아니라 실제로 어찌할 도리가 없는 상황이며, 나름대로의 고충이 있다는 점을 분명히 이해시켜야 한다.

방해꾼 4:
완벽주의

●

부모님이 두 분 다 대학교수인 D는 어려서부터 공부나 생활면에서 엄격한 관리를 받으며 자랐다. 게다가 성실한 성격 덕에 학창 시절 임원을 도맡아 했고, 명문 대학에도 진학했다. 그리고 졸업과 동시에 누구나 부러워할 만한 대기업에 입사하여 산업디자인 업무를 담당하게 되었다.

D는 입사 3년 만에 팀장으로 고속 승진하면서 한 프로젝트를 책임지고 진행하게 되었다. 그런데 기대와 달리 업무를 능률적으로 처리하지 못했다. 완벽주의자인 그는 언제나 최고의 결과물을 보여주고 가장 높은 평가를 받고자 했다. 그 결과 자료를 수집하는 데 늘 너무 많은 시간을 소모해버렸다. 문제는 찾아낸 정보와 자료가 많을수록 자신에 대한 요구 수준도 그만큼 올라간다는 데 있었다. D는 겉모습이 아름답고 파격적이면서 매우

실용적이기까지 한 상품을 개발하고자 했다. 모양, 색상, 재료, 기능 등 고려해야 할 부분이 한두 가지가 아니었으며 수집해야 할 자료나 정보의 양도 엄청났다.

결국 디자인은 시작도 못 한 채 항상 뭔가 부족하다는 생각만 했다. 완벽해야 한다는 압박감에 짓눌려 어떤 구상에도 만족하지 못했다. 그렇다 보니 원래 계획보다 못한 결과물을 내놓기 일쑤였다. 이처럼 본인에 대한 기대 수준이 너무 높아 아예 시작조차 못 하거나 일을 전혀 진전시키지 못하는 이들이 우리 주변에도 있다.

○
자신에 대한 기대 수준을 낮춰라

'더 빨리, 더 높이, 더 멀리'는 올림픽의 구호이자 보통 사람들이 추구하는 탁월함의 기준이기도 하다. 하지만 완벽주의자라면 전체에 큰 영향을 주지 않는 범위 안에서 자신에 대한 기대 수준을 적당히 낮출 필요가 있다. 예컨대 결벽증을 갖고 있다면 이불을 개지 않거나 책장의 책을 정리하지 않는 식이다. 처음에는 참기 어렵고 괴롭겠지만 그 힘든 시간만 견뎌내면 '그래도 하늘은 무너지지 않는다'는 사실을 깨닫게 되면서 마음이 한결 가벼워진다.

D의 경우 최종 기획안을 제출해야 하는 상황이 아니라면 자신에 대한

기대 수준을 낮추고 업무 진행 속도의 한계치를 정해볼 필요가 있다. 메모장에 업무 처리 기준을 다음과 같이 적을 수 있다.

'네 시간 걸리는 디자인 초안을 한 시간 안에 완성하자!'

이때 잊지 말아야 할 점은 지금 추구하는 건 속도와 효율이지, 완벽한 결과가 아니라는 점이다. 그 결과물이 아무리 미흡하고 받아들이기 힘들더라도 디자인 초안을 완성하는 데에는 단 한 시간만 사용해야 한다. 이렇게 서너 번 반복한 뒤 네 시간에 걸쳐 완성한 결과물과 한 시간 만에 나온 결과물을 비교해보면 당연히 전자의 완성도가 훨씬 높을 것이다. 그렇다면 전체 완성도도 정말 네 배나 높을까? 이제부터 스스로에게 이렇게 말해보자.

'완벽하지 않지만, 그래도 하늘은 무너지지 않는다!'

○
실수를 두려워하지 마라

완벽주의자에게는 한 가지 고질병이 있다. 자신에 대한 기대 수준이 너무 높다 보니 '실수'와 '실패'에 대해 본능적으로 공포심을 가지고 있다는 점이다. 그 결과 사소한 부분에 계속해서 집착하면서 어떻게든 실수를 줄이려 한다. 하지만 성인군자가 아닌 이상 어떻게 잘못한 부분이 없을 수 있겠는가? 그리고 잘못과 실패가 항상 나쁜 것만은 아니다. 우리는 잘못과 실패를 통해 가장 크게 배운다.

《부자 아빠 가난한 아빠》에는 다음과 같은 이야기가 나온다.

한 강연장에서 있었던 일이다. 어떤 청중이 일어나 이런 질문을 했다.

"통계학적으로 창업 성공률이 10퍼센트밖에 되지 않는다는 걸 알고 계십니까?"

나는 대답했다.

"네, 잘 알고 있습니다."

"그렇다면 왜 계속 창업을 권장하는 겁니까? 우리 보고 실패율이 90퍼센트나 되는 일에 뛰어들라는 말씀입니까?"

이 질문에 나는 다음과 같이 대답했다.

"맞습니다. 창업해서 실패할 확률은 90퍼센트인 반면, 성공할 확률은 10퍼센트밖에 되지 않습니다. 그 말은 통계학적으로 열 번 창업하면 그때는 성공할 수 있다는 말이지요. 거기에다 저는 행운이 좀 따라서 두 번째에 성공했습니다."

큰 실수를 저질렀거나 중요한 일에 실패했을 때 나는 이 이야기를 떠올리곤 한다. 그리고 속으로 다짐한다.

'다시 해보자. 성공률이 1퍼센트라 해도 100번 시도하면 언젠가 성공할 거다!'

방해꾼 5:
3분의 열정

● E는 다양한 곳에 관심이 많고, 이런저런 새로운 시도도 즐기는 편이었다. 지난달 E는 이번에는 정말 영어를 제대로 공부해보자는 마음에 적지 않은 비용을 들여 영어학원에 등록을 했다. 처음 몇 주 동안은 빠짐없이 수업도 듣고 매일 아침 일어나면 영어 단어부터 암기했다. 그러던 어느 날 친구들과의 모임 때문에 수업에 빠진 이후로 결석이 시작되었다. 그러다 진도 차가 너무 벌어져 따라잡기 힘들어지자 그냥 포기해버리고 영어학원을 그만두었다. 그러면서 내년에는 기필코 다시 열심히 해보리라 다짐했다.

평소 E가 자주 방문하는 웹 사이트의 이용자 가운데 유독 수채화 그리기가 취미인 이들이 많았다. 그렇다 보니 사이트에 별도의 카테고리를 만들어 본인들 작품을 수시로 업로드 했다. 그들의 멋진 그림을 보고 있자니 E

역시 그림이 그리고 싶어져 이참에 배워보기로 결심했다. E는 먼저 인터넷에서 종이와 물감, 붓을 한 보따리 주문했다. 처음 일주일 동안은 매일 세 시간씩 그림 연습을 하면서 만족스러운 결과물을 한두 장 손에 쥐기도 했다. 그런데 그 주말에 몸 상태가 좋지 않아 그림을 그리지 못했다. 다시 그림 연습이 떠올랐을 때에는 이미 몇 달이 지난 후였고 물감은 이미 말라 있었다.

어느 날 E는 날씬한 몸매를 유지하고 싶은 마음에 헬스클럽에 등록을 했다. 거기에다 거액의 강습료를 지불하고 개인 트레이너에게 따로 레슨까지 받기로 했다. 트레이너는 수시로 전화를 걸어와 언제 레슨을 받으러 올 건지 물었고, 그 독촉 덕분에 E는 제법 열심히 헬스클럽에 다녔다. 그 결과 시작한 지 2주 만에 체중 1킬로그램을 감량하는 데 성공했다. 그러다 겨울이 되면서 점점 아침 일찍 일어나는 게 힘들어지자 일주일에 세 번 운동하러 가려던 계획을 한 번으로 줄였다. 그리고 더 시간이 흐르면서 아예 트레이너의 전화를 받지 않게 되었다.

E가 바로 전형적인 '3분 열정형'이다. 다양한 분야에 흥미를 가지고 있지만 늘 끈기 있게 끝까지 지속하지 못한다. 3분 열정형 사람들은 자신이 의지력이 약하다거나 천성적으로 게으르다고 말하면서 그것이 마치 타고난 기질인 것처럼 묘사하는 경우가 많다. 하지만 3분 열정은 동력 부족이나 목표 없는 행동 등 다양한 원인 때문일 수 있다. 그 정확한 원인을 찾기만 한다면 얼마든지 달라질 수 있다.

○
목표가 분명해야 열정도 생긴다

3분의 열정을 해결하기 위해 가장 먼저 할 일은 목표를 분명하게 설정하는 것이다. E의 목표 역시 뚜렷하다고 생각하는 사람도 있을 수 있다. '영어 능력 향상', '수채화 익히기', '다이어트 성공'이 E의 목표였다. 하지만 이는 알고 보면 굉장히 모호한 목표다. 영어 능력 향상의 기준은 무엇인가? 토익 800점 이상, 아니면 통역사 자격시험 통과? 목표 달성에 걸리는 시간은 얼마로 제한할 것인가? 3개월, 아니면 1년? 이렇게 목표와 계획이 명확하지 않으면 단계별 실행 방안 역시 세우기 어렵기에 결국 공중누각을 쌓는 일밖에 안 된다.

현대 경영학의 창시자로 불리는 피터 드러커가 제시한 'SMART 목표 관리 기법'을 활용하면 확실하고 명확한 목표를 세우는 데 도움이 될 것이다. 'SMART'는 다음의 다섯 가지 영단어 앞 글자를 따서 표현한 것이다.

| Specific (구체적이다)

목표는 구체적이어야 한다. 모호하거나 추상적이어서는 안 된다는 뜻이다. E의 목표인 '다이어트 성공'은 상당히 모호한 목표다. '체중 5킬로그램 감량' 같은 목표가 바로 구체적인 목표다. 마찬가지로 '영어 능력 향상'은 '토익 800점 이상' 등의 구체적인 내용이 들어간 목표로 바꾸어야 한다.

| Measurable(측정 가능하다)

목표는 측정 가능해야 한다. 그래야 시간별로 상세한 계획을 세울 수 있기 때문이다. 또한 자가 평가 시 객관성을 유지할 수 있다. '체중 5킬로그램 감량'처럼 구체적인 수치가 들어간 다이어트 목표가 바로 측정 가능한 목표다. 여기에 마감 기한까지 주어지면 매일 실행해야 하는 구체적인 임무까지 정할 수 있다.

| Achievable(달성 가능하다)

만일 E가 '20킬로그램 감량' 같은 목표를 세운다면 이는 달성 불가능한 목표다. 자신의 실제 상황에 근거해 실현 가능한 계획과 목표를 수립해야 한다. 그렇지 않고 지나치게 목표를 높게 잡을 경우 실행하기도 어렵고, 포기할 가능성 역시 높아진다.

| Relevant(관련성이 있다)

달성하려는 목표가 나의 다른 목표들과 관련성이 있어야 한다. 예컨대 이루고 싶은 꿈은 공인회계사인데, 지금 그림을 배워보고 싶다고 하자. 이 두 목표는 연관성이 그리 많지 않다. 그러면 한번 생각해봐야 한다. 그림을 배우는 데 많은 시간과 에너지를 투자할 필요가 있을지, 아니면 현실적인 꿈과 관련된 다른 계획에 시간을 투자하는 편이 더 나을지 고민해봐야 한다.

| Time-based(마감 기한이 있다)

마감 기한이 있는 계획과 목표를 세워야 한다. 마감 기한과 측정 가능성을 결합하면 더 구체적인 단기 목표와 중간 목표를 수립할 수 있고, 그로 인해 실행 가능성 또한 높아진다.

이상의 SMART 목표 관리 기법에 근거하여 E의 다이어트 계획을 다음과 같이 세워볼 수 있다.

'3개월 안에 운동으로 체중을 5킬로그램 줄인다.'

영어 학습 계획 또한 이렇게 바꿔볼 수 있다.

'6개월 안에 영단어 5천 개를 암기하고, 매일 영어 받아쓰기 한 편과 독해 연습문제 한 편씩을 풀어서 토익 800점 이상을 받는다.'

○

구체적인 계획표로 게으름을 물리쳐라

SMART 목표 관리 기법을 토대로 목표와 계획을 수립하면 월간, 주간, 하루별 상세 목표로 세분화하기도 쉬워진다. E의 다이어트 계획을 예로 들어 설명해보겠다. 3개월 안에 '체중 5킬로그램 감량'을 목표로 잡았다면 매달 1.7킬로그램씩 체중을 줄여야 한다. 즉, 매주 0.43킬로그램, 매일 0.06킬로그램의 체중 감량이 세부 목표가 된다. 1킬로그램의 지방은 대략 9천 칼로리로 환산할 수 있기에, E는 매일 운동으로 540칼로리의 열량을 태워버려야 한다. 시속 7킬로미터로 천천히 45분을 달릴 경우 대략 540칼로리를 소모할 수 있다. 바로 이것이 구체적인 계획이다.

구체적으로 기록한 계획표를 책상이나 벽 등 눈에 잘 띄는 곳에 붙여두고 수시로 자신의 진행 상황을 확인해야 한다. 또한 매일 완수해야 하는 내용은 다이어리에 따로 기록해둔다(다이어리 활용 노하우는 6장에서 다시 언급하겠다). 이처럼 목표를 시각화시켜놓으면 스스로 시간을 관리하면서 행동하는 효과를 얻을 수 있다.

계획표에 각 단계별로 달성해야 할 목표를 기록해두는 것도 추천할 만하다. 이는 장기 계획을 좀 더 쉽게 실현할 수 있는 계획으로 바꾸는 과정이다. 예컨대 1.7킬로그램 감량처럼 매달 말까지 달성해야 할 단계별 목표를 설정한다. 그리고 해당 목표를 달성할 경우 자신에게 작은 선물을 준다. E는 한 달 후 체중이 계획했던 대로 2킬로그램 줄어들자 그동안 사고 싶었던 옷을 사며 스스로를 격려했다.

이때 주의할 점은 반드시 여지를 남겨두어야 한다는 점이다. 목표를 너무 높게 설정하면 포기하기 쉬운 것처럼, 지나치게 촘촘하게 계획을 짜고 중간에 빈틈을 남겨두지 않으면 단 한 번의 실패에도 절망하여 계획 전체를 포기할 수 있다. 그러다 다시 3분의 열정 상태로 회귀하게 된다.

E의 경우 다이어트를 위해 하루도 빠짐없이 운동을 하겠다는 계획은 그다지 바람직하지 않다. 그러다 보면 몸이 충분한 휴식을 취하지 못할 뿐만

아니라 정신적으로도 스트레스를 받을 수 있다. 야근이나 회식, 건강 이상처럼 계획에 차질을 초래할 수 있는 요소들이 제법 많기 때문이다. 가령 매주 세 차례 운동하기 등의 계획을 세운다면 적당히 쉬는 시간도 가질 수 있고, 필요에 따라 운동 시간을 조정할 수 있다는 장점이 있다. 피치 못할 사정으로 계획한 날 운동을 하지 못했다면 쉬는 날에 이를 보충할 수도 있다.

장기 계획을 매일매일 쪼개 실천할 경우 얻게 되는 가장 큰 장점은, 매일 자체적으로 점검의 시간을 가질 수 있다는 점이다. 3분의 열정에 그치지 않도록 스스로를 감독하고, 실제 진행 상황에 따라 개선책을 제시하면서 더 효과적으로 계획을 달성할 수 있다.

○
절차를 표준화해 쓸데없는 고민을 없애라

계획을 명확하고 상세하게 잘 세웠는데 도무지 실천하기 힘들 때도 있다. 계획대로 행동할 생각을 하니 마음이 심란해지고 도피심리가 발동하면서 결국 또다시 3분의 열정 상태로 돌아가고 만다. 이럴 때에는 완수해야 할 일의 절차를 아예 표준화시키자. 그러면 별도의 고민 없이 그대로 실천하게 되면서 마음의 저항도 줄이고 행동도 지속할 수 있다.

E는 운동보다 섭취하는 열량을 줄여 다이어트에 성공하고 싶었다. 그래서 '하루에 1천 칼로리 소모'에서 '일일 섭취량 500칼로리 줄이기'로 목표

를 변경했다. 하지만 음식마다 칼로리를 계산하기가 쉽지 않았다. 매번 뭔가를 먹을 때마다 세세하게 칼로리를 계산해야 한다면 귀찮은 마음에 그냥 포기하기 쉽다. 이런 경우 계획 단계에서 각종 음식의 열량을 사전조사하고, 그에 따라 주간 식단표를 작성할 필요가 있다. '월요일 아침-우유 한 잔, 식빵 한 쪽', '점심-회사 식당 이용', '저녁-샐러드 한 접시'와 같은 식으로 사전에 정해버리면 매번 식사할 때마다 고민하지 않고 식단표대로 먹으면 된다. 이렇게 계획대로 행동할 경우 실행에 따르는 어려움을 크게 줄일 수 있다.

귀찮은 일일수록 아예 절차를 표준화시켜버리자. 세부적인 행동까지 모두 사전에 정해두고 별도의 고민 없이 그대로 행동한다면 매일의 임무를 가뿐히 완수할 수 있다. 게으름을 피우거나 도망가고 싶은 마음, 3분의 열정에 머물고 싶은 마음을 아예 근본적으로 차단해버릴 수 있는 것이다.

우리가 꿈을 향해 나아갈 때 그 길을 가로막는 방해꾼은 어쩌면 이보다 훨씬 더 많을 수 있다. 이들에 대항할 더 강력한 무기가 필요하다면 다음 장을 유심히 읽어보자.

6
장

다이어리,
꿈을 이루려면
꼭 써라

꿈을 향해 달려가는 길에서 우리는 내 안의 긍정적인 에너지는 결집시키고 부정적인 에너지는 떨쳐버리면서, 각종 도전을 담담히 받아들이며 나쁜 습관은 버리고 커리어, 독서, 사랑 모두를 설계해나가야 한다. 한데 이 모든 과정을 도와줄 실용적인 도구가 하나 필요하다. 꿈을 이루기 위해서는 이 도구의 도움이 꼭 필요하다.

만일 당신이 멋진 꿈과 긍정적인 태도를 지니고 있고, 주의력을 집중시키고 미루기 병을 극복하는 방법까지 익힌 상태라면 아마도 이미 당신의 삶에는 작지만 중요한 변화들이 일어났을 것이다. 그런데 가끔 이런 생각이 들 때가 있다.

'혹시 일상에 흩어져 있는 지혜들을 하나로 모으는 데 도움을 주고, 작은 습관의 축적으로 점차 엄청난 변화를 일으키는 그런 도구는 없을까?'

그 도구가 바로 다이어리다! 오늘 처리해야 할 목록이 간단히 적혀 있는 정도로는 진정한 다이어리라고 할 수 없다. 다이어리에는 명확한 계획과 방향성 그리고 구체적인 실행 절차까지 기록해야 한다. 삶에 놀라운 변화가 일어나길 바란다면 다시 처음부터 다이어리 사용법을 배워보자.

다이어리는
생각을 정리하는 도구다

글을 쓴다는 건 기록 이상의 의미를 지니고 있다. 사실 글쓰기는 일종의 사고 과정이라고 할 수 있다. 머릿속에 있는 생각을 글로 옮기는 것 자체가 그 생각을 정리하고 분류하는 과정이다. 그렇기에 그 결과물인 글은 훨씬 더 이성적이고 논리적일 수밖에 없다.

○

다이어리는 기억을 연장시켜준다

이런 상상을 한번 해보자.

A와 B가 동쪽 숲에서 길을 잃었다. 그 숲에서는 5분마다 두 개의 갈림길

이 나타났다. 용감한 A는 거침없이 앞으로 나아갔다. 갈림길에 이를 때마다 직감적으로 맞을 것 같다고 느껴지는 길을 선택했다. 반면 조심성 있고 신중한 성격의 B는 갈림길에 도착할 때마다 매번 연필과 종이를 꺼내 무언가를 적었다.

그렇게 걸어가다가 A는 막다른 곳에 이르렀다.

'어떻게 하지?'

왔던 길을 되돌아갈 수밖에 없었다.

'그런데 둘 중 어떤 길로 돌아가야 하지? 첫 번째 갈림길에서 왼쪽으로 갔던가, 아니면 오른쪽으로 갔던가?'

완전히 잊어버렸다.

B 역시 막다른 곳에 도달하고 말았다. 하지만 B는 전혀 당황하지 않았다. 방금 자신이 기록한 종이를 꺼내 보면서 찬찬히 돌이켜 생각해보았다.

'아, 방금 세 번째 갈림길에서 오른쪽으로 왔으니 다시 그 자리로 돌아가 왼쪽으로 가면 되겠다.'

한 연구 결과에 따르면 우리의 단기 기억 용량은 다섯 개에서 아홉 개 사이라고 한다. 아무리 똑똑한 사람이라도 최대 아홉 개밖에 기억하지 못한다는 뜻이다. 만일 숲의 갈림길이 아홉 개가 넘는다면 A의 머릿속에서는 대혼란이 일어날 것이다. 반면 B는 종이와 연필의 도움으로 자신의 기억을 연장시킬 수 있다.

○
다이어리는 경험을 정리해준다

다시 A와 B의 이야기다. 어찌어찌하여 A는 겨우 동쪽 숲을 빠져나왔다. B 는 다이어리의 도움으로 어렵지 않게 숲에서 벗어났다. 그리고 다음 날, 둘 은 다시 서쪽 숲으로 출발했다. A는 어제의 경험을 교훈 삼아 종이와 연필 을 꺼내 들고 곧장 서쪽 숲으로 돌진해 들어갔다. 하지만 B는 서두르지 않 았다. 일단 숲 입구에 앉아 다이어리를 꺼내 어제의 기록을 펼치고, 동쪽 숲 에서 얻은 교훈을 정리해보았다. 어제 갈림길이 총 열아홉 개였는데, 생각 해보니 그중 열일곱 곳의 한쪽 방향에서만 시냇물 소리가 들렸다. 그리고 나중에 보니 그 방향이 모두 옳은 길이었다. 따라서 만일 오늘도 갈림길을 만났을 때 시냇물 소리가 들려오는 방향이 있다면 우선 그쪽으로 가봐야겠 다고 생각한다.

　인류가 끊임없이 진보할 수 있었던 건 모두 과거의 경험 덕분이다. 책이 나 정보도 과거의 경험을 전달해주기는 하지만 이는 다른 사람의 경험이기 에 반드시 나에게 적합하다고 볼 수는 없다. 자신이 직접 겪은 경험이야말 로 무엇보다 귀하고 값지다. 하지만 과거의 경험은 이를 종합하고 정리하 는 과정을 거쳐야만 이후에 더 유용한 자료로 쓰일 수 있다. 따라서 다이어 리에 자신의 경험을 기록하고 정리하는 과정은 무척 중요하다.

○

다이어리는 정보를 재가공 한다

처음에 B는 갈림길에서 단순히 자신이 어떤 길을 선택했는지에 대해서만 기록했다. 그런데 세 번째 갈림길 앞에 섰을 때 문득 한쪽 길은 풀이 드문 드문 나 있는 반면, 나머지 한쪽 길에서는 시냇물 소리가 들려온다는 사실을 발견했다. B는 이것이 어떤 단서가 아닐까 하는 생각이 들었지만 잘 모르겠기에 일단 적어놓았다. 그리고 다음 날 서쪽 숲을 거닐던 중 그것이 정말 유용한 단서라는 사실을 깨달았다.

일단 글로 남겨놓으면 우리는 그 글을 보고 생각을 하게 된다. 글쓰기는 나와의 대화이며, 정보를 다시금 정리하고 그에 관해 사고하는 과정이다.

'이 일을 기록해놓을 필요가 있을까? 정말 앞으로 쓸모가 있을까?'

매번 펜을 잡을 때마다 우리의 두뇌는 이렇게 스스로에게 질문을 던지고 생각을 하며, 펜과 종이는 충실하게 기록을 담당한다. 동시에 두뇌는 정보를 재가공 하는 역할도 수행한다. 반면 머리로만 기억할 경우에는 두뇌가 한 가지 기능밖에 하지 못한다. 한번 직접 시도해봐도 좋다. 펜과 종이 없이 두뇌만 사용한다면 어떤 문제에 관해 사고하기도 어렵고, 또 자신의 사고 과정을 되돌아보기도 힘들다는 사실을 알게 될 것이다.

○

다이어리는 나와의 싸움에서 승리로 이끈다

인간은 이성적 두뇌와 감성적 두뇌, 이렇게 두 가지 뇌를 가지고 있다. 저명한 심리학자 조너선 헤이트의 《명품을 코에 감은 코끼리, 행복을 찾아나서다》를 보면 이런 내용이 나온다.

> 감성적 두뇌는 광야를 내달리는 거칠고 제멋대로인 코끼리와 같다. 반면 이성적 두뇌는 손에 고삐를 쥐고 코끼리를 탄 기수와 같다.

여기서 코끼리는 맹목적이고 눈앞의 이익만 추구하며 즐기고 놀기를 좋아한다. 우리가 어려운 임무가 주어질 때마다 겁먹고 도망치고, 다이어트가 필요하다는 걸 알면서도 초코 케이크의 유혹에 넘어가는 이유가 바로 이 코끼리 때문이다. 반면 코끼리를 탄 기수인 이성적 두뇌는 어려움에 굴복하지 않고 당당히 맞서며, 어떤 유혹도 단호하게 물리쳐버린다. 때론 코끼리가 잠재의식 속에서 질주를 멈추는 경우도 있다. 다이어트 중에 초코 케이크가 먹고 싶다면 다이어리에 그 생각을 있는 그대로 한번 적어보자.

'나는 지금 초코 케이크 한 조각이 간절히 먹고 싶다. 열량은 150칼로리다. 하지만 나는 다이어트 중이다. 어제 30분 동안 쉬지 않고 달려서 겨우 150칼로리를 소모했다.'

이렇게 써내려가다 보면 어제 등이 땀범벅이 되도록 달렸던 장면이 떠오르면서 초코 케이크를 먹고 싶은 생각이 싹 사라져버린다. 왜일까? 그건 생각의 표현이나 글쓰기 자체가 하나의 이성적 사고 과정이기 때문이다. 다이어리가 '기수'를 불러내 '코끼리'를 완벽하게 제압한 것이다.

꿈을 위해 계획을 짜고, 장기적으로 이득이 되는 일을 위해 현재의 타성을 극복하는 것 등이 모두 이성적인 두뇌가 하는 일이다. 다이어리는 이 같은 이성적 두뇌를 호출해서 우리가 충동적인 코끼리와 싸워 이기도록 도와준다.

정리해보면, 다이어리는 우리의 기억을 연장시키고 경험을 스스로 정리하게 만든다. 두뇌가 정보를 재가공 하게 이끌고, 이성적 두뇌가 타성이나 나쁜 습관을 극복하는 데 도움을 준다. 따라서 다이어리야말로 우리가 꿈을 이루는 데 없어서는 안 되는 필수 도구인 것이다.

다이어리를 쓰기 위한
3단계 준비 과정

●　　　이미 많은 사람들이 다이어리를 사용하고 있다. 회의 때 상사의 지시사항을 기록하거나, 무료할 때 한쪽 구석에 작게 그림을 그리기도 한다. 또는 스마트폰의 일정표를 사용하는 경우도 있다. 오늘 할 일 목록과 매주 주말 약속 등을 한눈에 들어오도록 일목요연하게 저장해놓는다. 하지만 이는 모두 내가 여기서 말하는 다이어리가 아니다. 다이어리는 다음과 같은 특징을 지니고 있어야 한다.

- 늘 가지고 다니면서 수시로 기록한다.
- 계획 리스트가 들어 있다.
- 예상 소요 시간과 실제 진행 상황이 기록되어 있다.

- 매일의 업무 및 일상생활에 대한 정리와 반성이 적혀 있다.

- 새로 배운 지식이나 기술이 기록되어 있다.

- 나의 진정한 변화에 도움을 준다.

이 같은 다이어리야말로 우리의 꿈을 실현시켜줄 진정한 친구이자 조력자인 것이다. 그리고 이를 위해서는 3단계 준비 과정이 필요하다.

○
1단계 | 도구 준비

우선 필요한 도구는 당연히 다이어리다. 종이를 마음대로 뺐다 껐다 할 수 있는 방식의 A5 크기가 적당하다. 이런 다이어리는 고정식 다이어리보다 많은 장점을 가지고 있다. 수시로 정리하기도 좋고, 새 페이지를 끼워 넣을 수도 있으며, 원하는 대로 분류해서 재배치 할 수 있다. 이후에 정리할 때 종류별로 따로 모아 관리하기도 편하다.

요즘은 스마트폰의 일정표를 사용하는 사람도 많지만 나는 종이 다이어리를 선호한다. 우리의 뇌는 게으른 기관이다 보니 언제나 가장 간단한 방법을 좋아한다. 종이 다이어리는 휴대하기도 간편하고 언제든 기록하고 뒤져볼 수 있으며, 각종 키포인트를 표시하거나 부호를 그려 넣기도 쉽다. 그렇기에 우리의 게으른 두뇌가 무척 좋아하는 도구다.

나는 평소에는 종이 다이어리를 사용하다가 주말이 되면 그중 중요한 내용만을 골라 컴퓨터 프로그램을 사용해 정리하고 분류한다. 시간 통계를 낼 때에도 주로 종이 다이어리를 사용하는 편이다. 단, 업무 약속은 스마트폰에서도 확인할 수 있게 표시해둔다. 또한 주간, 월간 시간 통계를 낼 필요가 있을 때에는 컴퓨터 엑셀을 활용한다.

펜은 검은색 또는 파란색 펜과 한두 가지 색깔 펜을 준비한다. 검은색이나 파란색 펜으로 기본적인 내용을 작성하고, 중요한 부분은 색깔 펜으로 표시한다. 포스트잇은 갑자기 떠오른 생각을 적어두거나, 그날 할 일 목록을 작성하는 데 사용한다.

○
2단계 | 시간 준비

다이어리를 얼마나 중요하게 생각하는지는 당신이 시간을 얼마나 투자하는지를 보면 알 수 있다. 처음 다이어리를 작성할 때에는 기록하고 정리하는 데 제법 많은 시간이 필요하고, 매일 저녁 그날 일을 정리하고 내일을 계획할 시간 또한 신경 써서 확보해야 한다. 하지만 습관이 되면 애써 노력하지 않아도 자연스럽게 이루어진다. 이렇게 매번 기록하고 매일 계획과 반성을 하는 일이 귀찮게 느껴질 수도 있다. 하지만 뿌린 대로 거두는 법이다. 공을 들이지 않으면 어떤 소득도 얻을 수 없다.

사실 다이어리를 작성하는 데에는 많은 시간이 필요하지 않으며, 자투리 시간으로도 충분하다. 버스나 지하철 안에서, 누군가를 기다리는 동안, 업무 중 잠시 휴식을 취할 때 등에도 얼마든지 가능하다. 그렇게 잠깐 기록하는 데에는 몇 분도 채 걸리지 않지만 일상을 계획적으로 사는 데 확실히 도움이 된다.

○
3단계 | 마음가짐 준비

어떤 일이든 마음가짐이 가장 중요한 법이다. 다이어리를 쓸 때 지켜야 할 마음가짐에는 총 세 가지가 있다.

| 자신에 대한 기대 수준 낮추기

계획을 실행하는 초기 단계에 자신에게 과도한 임무와 지나친 스트레스를 주는 것은 금물이다. 운동을 하겠다고 결심했다면 무턱대고 헬스클럽 연간회원권을 끊을 것이 아니라 '지하철 이용 시 에스컬레이터가 아닌 계단을 이용하겠다', '매일 500보씩 걷겠다'와 같은 작은 목표부터 시작하는 게 바람직하다. 다이어리를 작성할 때 역시 처음에는 '시간 기록'으로 시작해 점점 더 많은 내용을 기록해나가면 된다.

| 습관을 들이기 위한 지속성의 원칙

처음에는 기대 수준을 조금 낮추는 게 적절하지만 지속성만은 절대 양보해서는 안 된다. 운동의 경우 시작 단계에서 '매일 500보 걷기'를 목표로 정했다면 이를 꾸준히 지속해나가야 한다. 매일 하루도 빠짐없이, 또 가능하다면 같은 시간대에 규칙적으로 운동하는 게 효과적이다.

매일 지속하는 것이 중요한 이유는 오랫동안 굳어진 일상의 타성을 극복하기 위해서다. 특히나 시작 단계는 기존 습관의 저항이 그 어느 때보다 큰 시기다. 이럴 때 고정적인 시간에 매일 꾸준히 해나간다면 저항을 물리치고 바람직한 습관으로 바꿀 수 있다.

지속성의 원칙이란 7일 단위로 최소 두세 번 지속하는 것을 말한다. 정확히 목표치에 맞춰 이를 7일간 지속해야만 한다. 만일 하루라도 빠뜨렸다면 처음으로 돌아가 다시 7일을 계산해야 한다. 즉, '매일 500보 걷기'를 목표로 정했다면 반드시 매일 500보를 걸어야 하며, 400보만 걸었을 경우 7일에 포함시키지 않고 다시 처음부터 시작해야 한다는 말이다.

간혹 이렇게 생각할 수도 있다.

'오늘은 농구를 열심히 해서 운동량이 충분한 것 같으니까 걷기는 안 해도 되겠지.'

하지만 이런 경우도 7일에 포함되지 않는다. 그 어떤 예외 없이 정확하게 7일 동안 지속적으로 500보를 걸어야 습관을 들이는 첫 번째 단계를 통과했다고 볼 수 있다. 그러다 보면 완수해야 할 임무에 모든 관심이 집중되면서 늘 그 일이 머릿속에서 떠나지 않는다. 바로 이런 것이 결국 습관을 바꾸어주는 것이다. 이와 같이 다이어리도 매일 빠짐없이 쓰다 보면 결국 습관으로 자리 잡게 된다.

| 바로바로 행동하기

그 어떤 달리기 챔피언도 가만히 앉아서 우승한 경우는 없다. 어떤 성공도 '행동'이라는 두 글자가 없다면 불가능한 일이다. 때로는 생각보다 행동이 앞서야 할 때도 있다. 너무 많이 생각하고 재다 보면 결국 행동에 나서지 못하게 된다. 다이어리를 쓰기로 결심했다면 '바로바로 행동하기'의 원칙을 이행해보자. 일단 행동하면서 중간중간 경험을 종합해보고, 필요하다면 방향을 수정하는 것이 최고의 전략이 될 수 있다.

다이어리,
일단 써보자

Just do it! 이제 다이어리 기록을 시작해보자! 어쩌면 아직 맘에 드는 멋진 다이어리를 발견하지 못했거나, 손에 꼭 맞는 편안한 펜을 찾지 못했을 수도 있다. 또는 정말 나에게 변화가 필요한지 여전히 결론을 내리지 못했을 수도 있다.

어찌 됐든 상관없다. 이런 문제는 이후에 다시 고민하기로 하고 우선 행동에 들어가자. 절반밖에 준비하지 못해서 그만큼밖에 행동하지 못할 것 같고, 그게 큰 문제로 여겨진다면 그 절반까지 전부 버리자. 지금은 일단 행동에 나설 때다! 결국 행동해봐야만 그 모든 게 효과가 있을지 없을지 판단할 수 있다. 드디어 펜을 들고 다이어리 기록을 시작했다면 다음의 네 가지 사항을 유의하자.

○
항상 지니고 다니기

처음 다이어리를 쓰기 시작하면 당연히 이런저런 문제 상황에 처하기도 한다. 간혹 다이어리 챙기는 걸 깜빡하거나 알고도 못 챙기는 경우가 있다. 특히 여성의 경우 작은 핸드백 안에 휴대전화, 지갑, 화장품까지 넣고 나면 다이어리가 들어갈 공간은 어디에도 없다. 또한 가방 없이 주머니 안에 휴대전화와 지갑만 넣고 다니는 경우도 역시나 다이어리를 챙기기 어렵다. 하지만 다이어리가 없으면 어떻게 사용할 수 있겠는가?

항상 다이어리를 가지고 다니는 일부터 시작해야 한다. 단순히 시간만 기록하는 단계에서 '사전 준비'와 '매일 반성'을 기록하는 단계까지도, 언제 어디서든 수시로 다이어리를 꺼내 확인하고 변화나 생각을 기록하면서 우리 뇌의 '망각 기제'와 '단기 기억'에 저항해야 한다.

참고로 한 번 들은 정보가 단기 기억에 머무는 시간은 매우 짧은 것으로 알려져 있다. 보통 5~20초 사이로 최장 1분을 넘지 않는다. 단기 기억은 '전화번호식 기억'이라고도 불린다. 전화번호를 찾아서 바로 전화를 걸 때와 비슷하기 때문이다. 보통 통화가 끝나면 전화번호는 까맣게 잊어버린다. 단기 기억은 뇌가 스스로를 보호하기 위해 만든 메커니즘이다. 만일 모든 정보가 뇌의 기억 속에 남는다면 뇌가 감당해내지 못할 것이다. 이는 아무리 중요한 일도 마찬가지이기에 새로운 정보를 들었다면 그 즉시 가지고 있던 다이어리를 꺼내 기록해야 한다.

바로 오늘부터 다이어리를 꼭 지니고 다니자. 어떤 상황에서든 필요하다는 생각이 들면 3초 안에 다이어리를 찾을 수 있어야 한다. 아침에 휴대전화를 집에 두고 나가면 하루 종일 마음이 불안하고 안절부절못하는 것처럼 다이어리도 이런 수준이 되어야 한다.

○
매일 기록하기

다이어리를 쓸 때 가장 경계해야 할 것이 바로 '작심삼일'이다. 매일 기록하는 일은 그 무엇보다 중요하다. 하지만 우리 삶에서는 늘 예상치 못한 일이 벌어지기 마련이다. A는 오늘 온종일 고객을 접대하느라 다이어리에는 손도 못 댔다. B의 오늘 일정은 오전에도 회의, 오후에도 회의였기에 딱히 기록할 만한 것이 없었다. 생각해보면 시간은 늘 이렇게 '어쩔 수 없는' 상황 가운데 흘러가버린다.

앞에서 설명한 지속성의 원칙을 기억하는가? 지속해야만 기존 습관의 나쁜 타성을 몰아낼 수 있다. 지금부터 시작해서 하루도 빠짐없이 매일 기록하자. 7일간 지속하지 못한다면 결코 다음 단계로 넘어가서는 안 된다. '지속성'이 핵심이다. 만일 3일째 되는 날 중단했다면 다시 처음부터 계산해야 한다. 6일째 되는 날 중단했더라도 마찬가지다.

한 가지 도움이 되는 방법을 제안하자면, 스스로에게 칭찬 스티커를 주는 것이다. 많은 인터넷 사이트에서 출석 체크를 할 경우 포인트를 주는 형식으로 지속적인 방문을 유도하고 있다. 같은 맥락에서 다이어리에도 칭찬 스티커를 활용해볼 수 있다. 그렇게 7일 연속으로 다이어리 작성에 성공하면 다이어리 표지(혹은 눈에 잘 띄는 곳)에 '7일 칭찬 스티커'를 붙여 스스로를 칭찬하자.

이 외에 실제로 자신에게 작은 상을 주는 것도 추천할 만하다. 다섯 개의 '7일 칭찬 스티커'가 모이면 그동안 가고 싶었던 음식점에 가거나 멋진 옷을 자신에게 선물하는 식이다.

○
독립된 사건별로 시간 기록하기

한 시간 간격으로 한 일을 기록해서는 안 된다. 이는 일의 실제 흐름과 맞지 않는 방식이다. 정해놓은 시간 안에 끝나는 일은 거의 없기 때문이다. 예컨대 회의가 1시간 30분 걸릴 것으로 예상했지만 실제로는 1시간 43분이 걸렸고, 그 뒤에 회의록을 정리하는 데 30분을 예상했지만 27분 만에 마무리되었다면 '9:00~10:43 업무 회의, 11:00~11:27 회의록 정리'로 기록하는 편이 바람직하다.

시간을 기록하는 목적은 이후 비슷한 일을 할 때와 비교해봄으로써 업무 효율을 끌어올리기 위해서다. 만약 독립된 사건별 시간 기록이 없다면 비교 기준이 사라지기에 효율성을 높이기 어렵다. 단, 한 가지 일이 비교적 긴 시간에 걸쳐 일어났다면 좀 세분화해서 기록할 필요는 있다. 예컨대 교육이 세 시간 내내 이어졌다면 다음과 같이 기록한다.

> 9:00~10:15(교육 1강) **업무 효율 높이는 법**
>
> 10:15~11:00(교육 2강) **시간 관리표를 활용해 업무 효율 높이는 법**
>
> 11:00~12:00(조별 토론) **실제 업무와 연관 지어 업무 효율 높이는 법**
>
> 12:00(마무리)

시간 기록은 간단해 보이지만 실제로 해보면 그렇게 쉽지만은 않다. 이는 습관을 바꾸는 첫 번째 단계이자 '행동을 시작했다'는 구체적인 증거다. 따라서 정말로 다이어리에 시간을 기록함으로써 삶을 바꾸는 여정을 시작했는지 여부는 상당히 중요하다.

높은 건물일수록 튼튼한 기초가 필요하고, 거목일수록 그 밑의 뿌리는 촘촘하고 무성하기 마련이다. 기초를 다지는 노력은 이후 더 높은 건물과 더 울창한 나무를 보기 위한 필수 과정인 것이다. 그런 이유로 다이어리에 시간을 기록해 삶을 바꾸는 첫걸음을 내딛었는지 여부를 확인하는 일은 무척 중요하다. 시간 기록을 제대로 시작했는지는 다음과 같은 기준으로 확인해볼 수 있다.

- 언제 어디서든 다이어리를 꺼낼 수 있는가?

- 하루도 빠짐없이 매일 기록하는가?

- 30분 넘게 걸린 일은 모두 기록하는가?

7일 연속으로 위의 세 가지를 실천했다면 다음 단계로 넘어가도 좋다. 지속성의 원칙에서 언급한 대로 만약 단 하루, 어느 한 순간이라도 세 가지 기준을 준수하지 못했다면 다시 처음으로 돌아가 계속 기초를 공고히 하길 바란다. 여기서 말하는 '매일'은 7일 연속을 의미한다는 사실을 잊지 마라. 휴가나 출장, 그 어떤 일도 중단의 이유가 될 수 없다.

이 단계에서는 매일 일어난 일을 성실하게 기록하기만 하면 된다. 이 기록을 통해 자신이 얼마나 많은 시간을 낭비하고 있는지 발견하게 될 것이다. 그렇다고 조급해할 필요는 없다. 변화는 언제나 한 걸음씩 일어나는 것이다.

매일 하는
다이어리 작성법

●

앞서 설명한 다이어리에 관한 내용을 모두 숙지했고 부과된 과제를 충실히 수행했다면 다이어리가 이미 당신의 삶에 조금씩 변화를 일으키고 있을 것이다. 또한 당신이 특정 일을 할 때 얼마의 시간이 걸리는지도 확실히 파악했을 것이다. 하지만 다이어리의 역할은 이것이 전부가 아니다. 다이어리는 충실한 기록 외에도 우리의 사고 과정을 강력하게 지원해주는 역할을 한다.

A와 B가 숲에 간 이야기에서 B는 이미 동쪽 숲을 빠져나왔고, 기록이라는 기초 단계의 임무를 완수했다. 그렇다면 훨씬 더 거대하고 빽빽한 서쪽 숲을 빨리 벗어나기 위해서는 어떻게 해야 할까? 그 방법을 이제 자세히 알아보려 한다.

일단 하루의 기록은 어떻게 해야 할까? 관리학에 'PDCA 사이클'이라는 모델이 있다.

PDCA 사이클이란 Plan(계획)-Do(실행)-Check(평가)-Act(개선)의 반복적인 흐름으로, 그 결과를 다음 계획에 반영하여 업무를 지속적으로 개선하는 모델이다. PDCA 사이클은 먼저 계획을 세우고, 계획한 대로 실행한 후, 점검과 평가를 통해 계획과 실행 사이의 간격을 분석하고 반성해서, 그 결과를 다음 실행에 반영하는 것이다. 이는 하루, 일주일, 한 달, 1년 단위로 모두 적용해볼 수 있다. 일단 가장 간단한 '하루 PDCA 사이클'에 대한 이야기부터 시작해보자.

하루 PDCA 사이클이란 글자 그대로 하루 동안 '계획-실행-평가-개선'의 과정을 이어가는 것을 말한다. 매일 그날 할 일의 우선순위를 따져 계획하고, 계획에 맞춰 하나씩 실행한다. 하루가 끝날 무렵 오늘 세운 계획의 실행 상황을 검토하고 반성한다. 마지막으로 그 반성의 결과를 토대로 다음 행동 계획을 수립한다.

하루 PDCA 사이클은 시간도 짧고 피드백도 비교적 빠른 편이기에, 이제 막 다이어리를 사용해 하루 계획을 세우기 시작한 경우에 적극 활용해볼 수 있다. 그 과정에 점차 익숙해지고 능숙해지면 일주일 PDCA 사이클, 한 달 PDCA 사이클로 확장해나간다.

○
처음 시작은 계획 세우기다

하루 PDCA 사이클은 계획 세우기로 시작한다. 계획은 큰 계획부터 세우는 게 일반적인 순서이므로 장기적 목표를 먼저 설정한다. 장기적 목표란 달성하기까지 보통 5년 이상이 걸리는 목표를 말한다. 예컨대 이 책의 첫 부분에서 언급한 꿈이 바로 장기적 목표에 해당된다. 그다음 장기 목표를 근거로 중기 목표를 정하는데, 달성하기까지 대략 1~5년 정도 소요된다. 다시 중기 목표를 참고로 단기 목표를 수립하고, 이를 다시 세분화해 매일 달성해야 하는 임무까지 정한다.

이보다 훨씬 긴 10~15년에 걸친 장기 계획이 필요하다고 말하는 사람도 있다. 여기서 다시 중기 계획과 단기 계획을 도출해낸다. 이 역시 괜찮은 계획이다. 다만 우리가 하루가 다르게 급속도로 변하는 시대를 살고 있고 자신의 꿈이 무엇인지, 어떻게 실현해야 하는지 모르는 이들이 적지 않기에 가장 간단한 매일 계획부터 세우고 여기서 일주일, 한 달, 1년 계획으로 확장해보겠다. 어떻게 계획을 수립하는 게 더 효율적인지, 어떤 계획이 좀 더 효과적인지 등을 잘 알게 되면 그때 다시 중기와 장기 목표까지 고려해보도록 하자.

매일의 계획 수립 과정은 총 5단계로 나누어볼 수 있다.

|1단계| 할 일 작성하기

다이어리를 펴고 오늘 해야 할 일을 하나씩 기록해나간다. 계획을 세우는 시간은 전날 저녁이든 당일 아침이든 상관없다. 어느 때든 각자의 생활 리듬에 맞춰 정한다. 나는 보통 전날 저녁에 다음 날 계획을 세우는 편이다. 잠들기 전 저녁 시간을 활용하면 좋은 점은, 다음 날 계획에 관한 이미지를 가지고 잠들 수 있다는 것이다. 우리가 잠자는 동안 머릿속에서는 그 계획에 관한 시연이 반복적으로 이루어진다. 그 결과 다음 날 잠에서 깨어났을 때 계획에 관한 일목요연한 생각이 머릿속에 이미 자리 잡고 있거나, 때로는 갑자기 새로운 아이디어가 번뜩 떠오르기도 한다.

|2단계| 예상 소요 시간 계산하기

이상적인 하루 계획은 할 일을 나열하는 것만으로는 부족하다. 일의 상세한 내용 외에도 그동안의 경험에 비춰 각각의 일정 수행에 필요한 구체적인 시간을 예상해서 기록해야 한다. 다이어리 작성의 시작 단계에서도 언급한 바 있지만, 본인이 평상시 하는 일에 얼마의 시간이 소요되는지 어느 정도 파악하고 있을 필요가 있다. 물론 처음에는 정확히 예측하기 어려울 수 있지만 상관없다. 일단 얼마나 걸릴지 한번 가늠해보자. 이때는 다소 빠듯하게 일정을 잡는 게 좋다.

시간 관리 분야에 '파킨슨의 법칙'이라는 유명한 법칙이 있다. 영국 역사학자이자 정치학자인 파킨슨이 《파킨슨의 법칙》(1957)이라는 책에서 처음 발표한 법칙이다. 파킨슨의 다년간에 걸친 연구 결과에 따르면, 한 사람이 어떤 일을 완성하는 데 걸리는 시간은 상황에 따라 완전히 달라진다고 한다. 예컨대 10분이면 다 보는 신문을 하루 종일 볼 수도 있다. 또 바쁜 사람이 우편물 한 무더기를 부치는 데에는 20분도 채 안 걸리지만, 한가한 노부인이 멀리 사는 외손녀에게 편지 한 장을 보낼 때에는 하루가 다 갈 수도 있다. 편지지를 찾는 데 한 시간, 안경을 찾는 데 또 한 시간, 주소를 찾는 데 30분, 안부를 묻는 말을 쓰는 데 한 시간하고도 15분…….

파킨슨의 법칙에 따르면, 사람들은 업무 마감일에 맞춰 일의 속도를 조정한다고 한다. 즉, 한 달 안에 해당 업무를 완수하면 될 경우 자신도 모르게 일의 속도를 늦춰 한 달을 꼬박 사용한다. 반면 주어진 시간이 일주일뿐이라면 바짝 속도를 올려 일주일 안에 업무를 해치워버린다. 이것이 바로 데드라인이 임박했을 때 업무 효율이 급상승하는 이유다.

| 3단계 | 할 일 선택하기

해야 할 일의 목록도 작성했고, 예상 소요 시간까지 계산해 넣었는데 계획에 필요한 총 시간이 당신이 쓸 수 있는 시간을 초과한다면 어떻게 해야 할까? 계획을 세울 때 잊지 말아야 할 점은, 사람이 쓸 수 있는 시간에는 한계가 있기에 언제나 가장 중요한 일을 위해 가장 많은 시간과 에너지를 남겨두어야 한다는 사실이다.

중요도에 따라 오늘 할 일을 A와 B, 두 등급으로 나누자. A등급은 중요하

기 때문에 반드시 자신이 직접 해야 하는 일이다. B등급은 그보다는 중요
도가 떨어지기에 다른 사람에게 대신 부탁할 수 있는 일이다. A등급으로 구
분되기 위해서는 다음의 세 가지 기준을 충족해야 한다.

- **나에게 중요한 의미가 있다.**
- **지금 안 하면 이후에는 할 수 없다.**
- **어느 누구도 대신해줄 수 없다.**

해야 할 일을 중요도에 따라 A와 B등급으로 분류했다면 실행할 때에도
반드시 A등급 일을 모두 마친 후에 B등급 일을 시작해야 한다. 만일 시간이
부족하다면 B등급 일은 미루거나 경우에 따라 거절할 수도 있다. 물론 부하
직원이나 동료에게 넘기거나 부탁하는 방법도 있다. 가령 매일 거의 똑같
은 형식의 이메일을 작성하는 일이라면 다른 사람에게 부탁할 수 있다. 이
경우 A등급에 다음 항목이 추가되어야 한다.

'동료에게 이메일 작성 부탁하고 체크하기'

일을 크게 A와 B등급으로 나눈 다음, 다시 처리 순서에 따라 A1, A2, A3,
B1, B2, B3 등으로 구분한다. 여기서 A1과 A2는 중요도에 따른 순서다. 즉,
A1이 A2보다 더 중요하며, 똑같은 A등급이지만 A1을 완성하기 전에는 A2
를 할 수 없다. 이 등급은 시간 순서에 따라 결정되기도 한다. 즉, A1이 A2
보다 중요하지는 않지만, 반드시 A2보다 우선적으로 처리해야 하는 경우가

있다. 가령 아침에 필수로 참석해야 하는 회의가 있다면 중요도를 떠나 시간상 가장 먼저이기에 맨 앞에 배치해야 한다.

| 4단계 | 할 일 분할하기

간혹 일 자체가 너무 방대한 경우가 있다. 이럴 때에는 계획 수립 단계에서 적당히 분할할 필요가 있다. 가령 팀의 연간사업 중간결산보고서를 작성하려고 하는데 스무 시간을 온전히 투자하지 않으면 완성할 수 없다고 하자. 이때 계획서상에 '연간사업 중간결산보고서 완성, 20시간'이라고 기록한다면 그로 인한 심리적 압박감과 초조함은 엄청날 것이다. 이런 경우 업무를 적당히 나누는 게 바람직하다. 최대 두 시간 이하를 기본 단위로 나누며, 실제 마감 시기를 기준으로 매일 완수해야 할 업무량을 정한다. 예컨대 다음과 같이 나눌 수 있다.

1. 기초 개요 작성 – 2시간

2. 관계자들과 함께 개요가 합리적인지 논의 – 2시간

3. 수집해야 할 자료 목록 작성 – 2시간

4. 관련 자료 수집 – 2시간

5. 사업 중간결산보고서 1부 완성 – 2시간

6. 사업 중간결산보고서 2부 완성 – 2시간

7. 사업 중간결산보고서 3부 완성 – 2시간

8. 1, 2, 3부를 합쳐서 1차 수정 - 2시간

9. 관계자들과 보고서 초안 1차 수정본에 관해 토론 - 2시간

10. 토론 결과를 반영해 보고서 초안 2차 수정 - 2시간

11. 보고서 형식 정리하고 문장 다듬기 - 2시간

방대한 업무를 이렇게 작은 단위로 나눌 경우 계획의 실행 가능성이 높아진다.

| 5단계 | 여유 시간 남겨두기

하루 계획을 세울 때 누구나 쉽게 범하는 실수가 있다. 더 많은 일을 하고 싶은 마음에 하루 일정을 그야말로 빡빡하게 짜는 것이다. 30분 단위로 일을 촘촘하게 배치하고, 중간에 여유 시간은 전혀 남겨두지 않는다. 그러면 일단 정신적으로 큰 스트레스가 밀려오면서 이런 생각이 든다.

'이렇게 많은 일을 과연 다 해낼 수 있을까?'

실제로 계획을 실행하다 보면 언제나 돌발 상황이 생긴다. 혹은 생각했던 것보다 일이 훨씬 복잡해서 예상보다 더 많은 시간이 걸리기도 한다. 이 외에도 상사가 갑자기 새로운 임무를 주면서 오늘 안에 완성하라고 요구한다거나, 배가 아파서 화장실을 들락거리느라 한 시간을 허비할 수도 있다. 즉, 다양한 돌발 상황은 늘 존재한다. 따라서 하루 계획을 짤 때 계획한 일이 차지하는 시간은, 실제로 자신이 사용할 수 있는 시간의 60퍼센트를 초

과해서는 안 된다. 다시 말해 하루 여덟 시간 근무라면 하루 계획은 다섯 시간 이하로 잡고, 여유 시간을 넉넉히 남겨놓아 그 시간에 이런저런 돌발 상황을 처리해야 한다.

○
가장 중요한 건 언제나 행동이다

실행 부분은 다이어리 작성의 시작 단계에서 이미 언급한 바 있다. 하루 PDCA 사이클의 실행 단계에서 주의할 점은, 수시로 다이어리를 꺼내 계획한 내용을 확인하면서 예상 시간 안에 중요도에 따라 일을 하나씩 처리해야 한다는 점이다. 또한 A1을 완수하기 전까지 절대로 A2로 넘어가서는 안 된다. 이렇게 한 가지 일을 끝낼 때마다 다이어리에서 그 항목을 지워나간다면 하나씩 완수할 때마다 큰 성취감을 느낄 수 있을 것이다. 실행 과정에서 주의해야 할 점은 크게 네 가지로 나눌 수 있다.

| 주의 집중하기

재미있는 책에 푹 빠져 읽거나, 명강의를 열심히 필기해가면서 듣거나, 사랑하는 연인과 손을 꼭 잡고 이야기를 나눌 때에는 시간이 엄청나게 빠른 속도로 흐르는 것처럼 느껴진다. 하지만 그 기억은 그 뒤로도 오랫동안 선명하게 남아 있다. 이 같은 상태를 심리학에서는 '몰입(flow, 흐름)'

이라고 부른다. 몰입 상태에 빠진 사람은 고도의 주의 집중력을 발휘하게 된다. 시간이나 공간, 심지어 자신도 잊은 채 빠져들면서 짜릿함과 행복감을 느끼고 창의력도 풍부해진다. 이와 마찬가지로 실행 과정에서는 지금 하고 있는 일에 온전히 주의를 집중시켜서 다른 일이 끼어들거나 방해할 틈을 주지 말아야 한다. 이때 앞서 언급한 타이머 업무법이 도움이 될 수 있다.

이 외에 비교적 타인의 방해를 덜 받는 시간대와 장소를 골라 중요한 업무를 처리하는 방법도 효과적이다. 예컨대 출근 시간보다 30분 일찍 회사에 도착해 그날 처리해야 할 업무 가운데 가장 어려운 일을 집중적으로 처리한다면 귀중한 시간을 벌 수 있을 뿐 아니라 회사 내에서 근면 성실하다는 평가까지 더불어 받을 수 있다.

| 즉각 실행하기

실행해야 할 계획이 있으면 언제나 부담감을 느끼기 마련이다. 전날 세운 많은 계획을 보고 있으면 마음속에서 당연히 내적 저항이 일어난다. 그리고 이런저런 핑계가 슬며시 고개를 들기 시작한다.

'30분 뒤면 점심시간인데 이 짧은 시간에 뭘 할 수 있겠어. 인터넷 서핑이나 좀 하자.'

'이 일은 단시간 내에 완성할 수 없는 일이야. 오후에 시간이 좀 많이 남을 때 하는 걸로 하자.'

이렇게 핑계를 대면서 미루고 또 미룬다. 점심시간까지 겨우 30분 남은 시간에는 어차피 완성하기 힘들고, 오후에는 또 갑자기 회의가 잡혀서 못하고, 이렇게 저렇게 자꾸 미루다 보면 결국 못 하게 된다. 실행 단계에서 명심해야 할 것이 있다. 지금 당장, 즉각 실행해야 한다.

설령 5분밖에 안 남았다 해도 계획한 일은 실행해야 한다. 때론 얼마 안 되는 시간이지만 일단 시작하면 의욕적으로 일하게 되는 경우도 있다. 점심시간 30분 전이라면 보고서의 기초적인 틀을 잡기에는 충분한 시간이다. 어쩌면 점심시간에 동료와 방금 세운 보고서의 틀에 대해 진지하게 논의해볼 수도 있다. 그리고 점심시간이 끝나고 자리로 돌아오면 바로 구체적인 보고서 작성에 돌입하는 것이다. 만일 쉬고 있는 중에 전화 통화 할 일이 떠올랐다면 미루지 말고 즉시 전화기를 집어 들어야 한다. '나중에 하자'라고 생각하는 순간, 그 일은 머릿속에서 완전히 지워질 수도 있다.

절대 미뤄서는 안 되는 일도 있다. 이런 일들은 오래 미룰수록 그로 인해 파생되는 문제가 눈덩이처럼 불어난다. 이는 무의식중에 스스로 일의 난이도를 높이는 꼴이다. 계획한 대로 즉각 실행한다면 고민하고 생각하는 정신노동이 사라지면서 눈앞에 주어진 일에 더 높은 집중력을 발휘할 수 있다.

| 중요도에 따라 차례로 완수하기

어렵고 힘든 일과 마주했을 때 두려운 마음이 드는 건 누구나 마찬가지다. 그래서 온갖 이유를 들이대며 그 일을 회피해버리고는 그런 자신을 너그러이 용서해준다.

　나의 경우 한동안 업무 효율이 무척 높았던 적이 있었다. 그런데 어찌 된 일인지 항상 두 번째로 중요한 일만 완수하는 것이었다. 그 이유는 매일 아침 출근해서 A1이라고 표시된 그날의 핵심 업무와 마주하면 마음속에서 엄청난 저항이 일어나면서 나도 모르게 본능적으로 A2 업무를 선택하게 되기 때문이었다. 그리고 이런저런 이유를 찾기 시작했다. '어차피 다 할 일이니까 쉬운 것부터 하는 것도 나쁘지 않지', '오전에는 처리해야 할 잡다한 업무가 많으니까 오후에 한가할 때 가장 어려운 일을 하는 게 합리적이야', '이 일은 관련 데이터가 좀 부족한 편이니까 좀 더 자료를 수집한 후에 처리하는 편이 좋겠어' 등의 핑계를 댔다. 이러다 결국 하루가 끝나갈 무렵 A등급은 물론 B등급까지 거의 마무리하는 시점에 A1은 전혀 손도 대지 못한 상태로 남게 되었다.

　매일 비슷한 상황이 반복되다가 A1은 마감일에 임박해서 급하게 처리하기 일쑤였다. 그렇게 한참이 지나 발견한 사실은, 그동안 많은 일을 완수했지만 결국 중요한 일을 제일 먼저 처리하지 않은 탓에 계획에서 점점 멀어지고 있다는 것이었다. 계획한 일을 실행할 때에는 반드시 중요한 순서대로 완수해야 한다. 한 사람이 가진 시간과 에너지에는 한계가 있기에, 유한한 시간과 에너지를 가장 중요한 일에 사용해야만 효율성을 극대화할 수 있다.

| 계획성과 융통성 겸비하기

계획을 실행하는 단계에서 가장 큰 어려움은 계획과 실제 상황이 서로 일치하지 않는다는 데 있다. 현실에서는 늘 잡다하게 처리해야 할 일이 많으며, 각종 돌발 상황까지 수시로 벌어진다. 이런 이유로 계획을 실행할 때에는 계획성과 융통성을 동시에 갖춰야 한다.

계획성은 먼저 계획을 짜고 일하는 것으로, 계획을 세우다 보면 무엇이 나에게 정말 중요한지 깨닫게 되는 효과가 있다. 그렇기에 가능하면 언제나 계획을 우선시해야 한다. 물론 계획은 충분히 변경될 수 있다. 가령 다음 날 출근했는데 사장이 갑자기 VIP 고객을 당신에게 맡기고, 잠시 후 그 고객이 새로운 요구를 마구 쏟아내기 시작한다면? 이럴 때에는 새로 주어진 임무와 전날 세웠던 계획을 비교해보고 어느 것이 더 중요한지 따져본 다음 다시 중요도 순위를 정해야 한다. 그리고 당장 급하게 처리해야 할 일이라면 계획 중간에 비워놓은 여유 시간을 적절히 활용하면 된다. 항상 계획이 변경될 것에 대비해 중간중간 여유 시간을 마련해둘 필요가 있다.

○

문제를 찾아내 끊임없이 개선해나가자

갑자기 컨디션이 너무 안 좋고 기운도 없고 소화도 잘 안 돼 병원에 가보니 체온이 38.5도라면? 이는 문제 발견 단계에 해당한다. 하지만 그렇다고 의

사가 바로 약을 처방하거나 주사를 놓는 건 아니다. 이런저런 질문과 검사를 통해 먼저 문제의 원인을 찾아낸다.

열이 나는 이유는 감기에 걸려서일 수도 있지만, 몸 특정 부위의 염증 때문일 수도 있다. 또는 그 외 다른 문제도 배제할 수 없다. 대체 어떤 원인 때문에 열이 나는지 밝혀낸 후에야 의사는 적절한 처방을 내린다. 필요한 주사나 약을 처방해줄 수도 있고, 그저 물을 많이 마시고 푹 쉬라고 당부할 수도 있다.

| 매일 조금씩 더 나은 내가 되는 법

문제를 찾는 과정은 하루 PDCA 사이클에서 C, 즉 '평가와 피드백'에 해당한다. 마치 의사가 발열의 원인을 찾아내듯 문제의 원인을 찾아냈다면 이제 남은 것은 증상에 따른 처방을 내리는 일이다. 이는 하루 PDCA 사이클에서 A, 즉 '개선'에 해당한다. 이처럼 평가와 개선은 밀접한 관련이 있다. 문제를 찾는 이유는 이를 해결하기 위해서이고, 문제를 해결하기 위해서는 먼저 무엇이 문제인지 알아내야 한다.

실제로 계획을 실행하다 보면 이런저런 생각이 든다.

'이 일은 왜 예상 시간보다 몇 시간이나 더 걸렸을까?'

'실행 과정이 왜 이렇게 전부 맘에 안 드는 걸까?'

이럴 때 다이어리는 '기록'이라는 간단한 기능에서 한 걸음 더 나아가 '자기반성'과 '사고'를 돕는 도구로서의 역할을 수행하게 된다. 하지만 이 같은 기록의 과정은 그때그때의 단편적인 사고에 그칠 가능성이 높다. 따라서 하루 PDCA 사이클 안에 따로 일정한 시간을 마련해둘 필요가 있다. 매일 저녁 시간에 항상 그날의 계획 실행 과정을 돌아보고, 계획대로 완수하지 못한 일이 무엇인지 자세히 살펴본 후에 문제의 근본 원인을 분석해야 한다. 이는 '반성과 개선' 그리고 '학습과 실천'으로 나눌 수 있다. 반성과 개선은 효과적이지 않은 행동을 개선하는 것이며, 학습과 실천은 효과적인 행동을 칭찬하는 동시에 새로운 방법도 시도해보는 것을 말한다.

평가란 그날에 대한 반성을 기록하는 일이다. 평가를 위해 매일 10분의 시간을 확보해둔다. 일단 다이어리 전체 일정 아래쪽에 '오늘의 반성'이라고 적는다. 그리고 그날 업무상 실수는 없었는지 떠올려보고 이를 하나씩 적어 내려간다.

우선 스스로 만족스럽지 못한 부분을 찾아본다. 예컨대 그날 계획을 모두 실행하지 못했다, SNS를 보면서 시간을 낭비했다, 또는 중요한 문서에서 눈에 띄는 실수를 저질렀다, 오늘 아침밥을 안 먹었더니 업무 효율이 떨어졌다 등등. 소소한 부분도 빼놓지 않고 기록한다.

다음으로 이러한 실수의 원인을 밝혀낸다. 실수의 원인이 외부 요인 때문일 수 있다. 예컨대 오늘 영단어를 암기하지 못한 이유는 갑자기 야근을 해서이거나, 혹은 여자 친구 생일이기 때문일 수 있다. 이 같은 환경적 요인은 우리가 계획한 일에 충분한 시간과 에너지를 사용할 수 없게 만든다. 하지만 사실 자신에게 원인이 있는 경우가 더 많다. 계획한 일을 완수하지 못한 이유는 시간을 효율적으로 사용하지 못했기 때문이다. 또 중요한 일에서 실수를 범하게 된 건 준비 과정이 충분하지 못한 탓이다.

마지막으로 로마는 하루아침에 이루어지지 않았다는 사실을 기억하기 바란다. 지나치게 엄격한 잣대를 들이댈 필요는 없다는 말이다. 대표적인 실수 두세 가지 정도를 찾는 것으로 충분하다.

개선이란 더 나은 방안을 마련하는 일이다. 반성의 최종 목표는 개선 방안 제시다. 앞서 이런 이야기를 했다.

'모든 실패는 성공하기 위한 연습이다.'

드디어 다이어리를 통해 이 말을 실천해볼 기회가 왔다. 이 부분이야말로 다이어리의 핵심이다. 우선 오늘의 반성을 쓴 옆부분에 빨간색 펜으로 '개선 방안'이라고 적는다. 그다음 각각의 실수를 개선할 방법을 고민해본다. 예컨대 그날 계획한 일을 모두 마치지 못한 이유는 업무 계획을 지나치게 빽빽하게 짠 탓일 수 있다. 이럴 때 개선 방안은 간단하다.

'하루 업무 시간을 여섯 시간 넘지 않게 계획한다.'

만일 'SNS에 한 시간이나 낭비했다'고 반성했다면 개선 방안은 '하루 SNS 사용 시간은 20분 이하로 제한하고 일주일간 지속적으로 실천한다', 또는 '가능한 인터넷이 불가능한 환경에서 일한다' 정도가 되겠다. 한마디로 개선 방안은 목표 지향적이며 자신의 행동을 더 나은 방향으로 바꾸는 데 초점이 맞춰져야 한다.

하루 PDCA 사이클의 마지막 단계인 개선은 매일 조금씩이라도 변화를 이끌어내는 데 의미가 있다. 한 걸음, 한 걸음이 더해져야 비로소 천 리에 이를 수 있는 법이다. 매일의 작은 변화가 궁극적으로 더 나은 나를 만들어 준다.

| 문제의 원인을 반드시 찾아내라

오늘의 반성과 개선 방안을 모색하는 과정에서 종종 발생하는 문제가 있다. 바로 개선 방안이 효과적이지 못한 게 원인인데, 이를 타고난 나쁜 습관으로 간주하고 고칠 수 없다고 단정 짓는 것이다. 세상에 바꿀 수 없는 습관이란 없다. 알고 보면 개선 방안이 큰 효과를 발휘하지 못했거나 원인 진단이 잘못되었을 수도 있다. 혹은 찾아낸 방법이 그다지 적절하지 않은 게 이유일 수 있다. 이럴 때 해결 방법은 끊임없이 시도해보는 것이다. 다양한 방법을 일정 기간 지속적으로 실행하면서 어느 정도 효과가 있는지 지켜본다. 효과가 낮다면 방법을 변경하고, 실수를 교정할 가장 효과적인 방법을 찾을 때까지 계속한다.

나는 한동안 낮에는 업무 효율이 높은데 저녁에 집에만 가면 무슨 이유에서인지 잠시만 일을 해도 허리가 시큰거리고 등이 결리곤 했다. 그러면 자연스럽게 포기하고 싶은 마음이 들면서 결국 침대에 누워버렸다. 처음에는 나의 의지력 부족이 문제라고 생각했다. 낮에 많은 일을 처리했다는 이유로 저녁이 되면 마음이 해이해져서 게으름을 부린다고 여겼다. 그래서 스스로 의지력을 단련시킬 수 있는 각종 방법을 시도하면서 모든 노력을 총동원했다. 하지만 생각했던 것만큼 효과가 없었다.

그러다 결국 진짜 원인을 찾아냈다. 내가 집에서 일할 때 사용하는 테이블이 일반 책상보다 높이가 비교적 낮았다. 게다가 의자 역시 높낮이 조절 기능이 없기에 고개를 숙인 채 불편한 자세로 일한 것이 원인이었다. 이미 하루 종일 사무실에 앉아 있어서 목과 등이 피곤한 상태인데 저녁에 다시 부담을 주니 몸이 더 이상 못 견디겠다며 반발하고 나선 것이었다. 이유를 제대로 파악하고 효과적인 개선 방안을 찾아내니 문제는 쉽게 해결되었다. 높낮이 조절이 가능한 의자를 하나 구매했고, 저녁에 일하기 전 군은 목과 등 근육을 풀어주는 스트레칭을 했다. 이렇게 한동안 지속한 결과 저녁 업무 효율이 눈에 띄게 향상되었다.

| 유익한 지식이나 방법을 따로 기록하라

오늘의 반성과 개선 방안 외에 또 기록해야 할 것이 '오늘의 학습'이다. 그날 하루 일하고 공부하는 과정에서 알게 된, 도움이 될 만한 소소한 지식이나 방법 등을 정리해두는 것이다. 책에 나오는 짧은 글귀라든지, 우연히 어떤 블로그에서 발견한 내용, 또는 다른 사람의 경험담 등 유익하고 쓸모가 있다고 생각되면 모두 오늘의 학습 부분에 기록한다.

오늘의 학습은 책을 보거나 수업을 듣는 등의 학습과는 전혀 다르다. 후자가 체계적이고 전문적인 공부라면, 전자는 자신과의 관련성에 좀 더 초점이 맞춰져 있다. 또한 개선 방안 마련에 도움이 되는, 보다 실용적인 개인

맞춤형 학습이라고 할 수 있다.

다음은 내가 언젠가 오늘의 학습 부분에 기록한 내용이다.

'오늘 이런 글을 봤다. 코카콜라는 시장에 나온 첫해에 고작 400캔이 팔렸다. P&G의 두 창업자는 한동안 개 한 마리 키울 돈도 없을 만큼 가난했다. 하지만 결국 이들 모두 성공했다.'

그리고 실천 방법에는 이렇게 적어두었다.

'끝까지 포기하지 않는 자만이 결국 승리한다. 더 이상 못 버티겠다는 생각이 들 때마다 이 이야기를 떠올려야겠다.'

이는 책에서 읽은 일화를 통해 자신을 격려하는 방법이다. 나의 또 다른 오늘의 학습에는 이런 내용이 적혀 있다.

'오늘 회의 시간에 주제에서 멀리 벗어나 자꾸만 산으로 가는 토론을 중지시켰더니 회의 시간이 단축되는 효과가 있었다.'

이어서 실천 방안에는 이렇게 썼다.

'오늘의 경험에 비춰볼 때 회의는 정해진 내용에 따라 항목별로 차근차근 토론해나가야지 지나치게 주제에서 벗어나서는 안 된다. 그렇지 않으면 결국 시간만 낭비하게 된다. 이후 회의 때도 이 점을 참고해야겠다.'

이는 자신의 성공 경험에서 배우는 방식으로, 이후에도 동일하게 실천함으로써 성공 경험을 이어갈 수 있다.

○
나만의 경험 창고를 지어라

다이어리를 쓸 때 무엇보다 중요한 점은 나만의 경험 창고를 짓는 일이다. 사람마다 처해 있는 인생의 단계도 다르고, 맞닥뜨리게 되는 어려움도 가지각색이기에 다른 사람의 경험이 나에게도 똑같이 적용된다고 볼 수 없다.

중요한 문서를 작성할 때 나는 음악이 흘러나오는 카페나 패스트푸드점을 선호하는 편이다. 집 근처에 맥도날드가 있는데 음악 소리가 제법 요란하다. 그런데도 나는 그곳에서 매우 능률적으로 이런저런 중요한 글을 완성하곤 한다. 반면 남편은 시끄러운 장소에서는 아무 일도 하지 못하며, 책상 앞의 커다란 등받이 의자에 앉아 일하기를 즐긴다.

나의 다이어리는 나만의 경험 창고라고 할 수 있다. 내가 저지른 실수부터 효과적인 개선 방안, 그리고 개인적으로 의미 있는 학습 내용까지, 이 모든 것은 오로지 나만의 것이다. 이렇게 나에 대해 관찰하고 수시로 반성하는 과정을 통해, 그리고 일상에서 깨달은 소소한 지식과 방법을 토대로 우리는 매일 꿈을 향해 한 발씩 가까워질 수 있다.

〈다이어리 쓰는 방법〉

● 계획

순서	우선순위	업무 내용	예상 소요 시간	완료 여부
1	A1	가장 중요한 일이나 시간상 가장 먼저 해야 하는 일		
2	B1	미루거나 누군가에게 부탁해도 되는 일		

● 실행

시간	업무 내용	예상 소요 시간	실제 소요 시간

● 오늘의 반성과 개선 방안

오늘의 반성	개선 방안
오늘 실수한 부분이나 만족스럽지 못한 일	후회되는 일을 되풀이하지 않을 방법

● 오늘의 학습

학습 내용
그날 알게 된, 도움이 될 만한 소소한 지식이나 방법

다이어리를 쓸 때에는 먼저 '계획' 부분에 우선순위에 따라 해야 할 일을 적는다. 그다음 '실행' 부분에 해야 할 일의 예상 소요 시간을 적고 일을 끝낸 후 실제 소요 시간을 적어 비교한다. 하루를 마무리하며 '오늘의 반성' 부분에 실수했던 일이나 만족스럽지 못했던 일을 적는다. 그런 다음 '개선 방안' 부분에 후회를 반복하지 않을 방법을 찾아 적는다. 끝으로 하루 동안 깨닫게 된 새로운 사실을 '오늘의 학습' 부분에 적는다.

○

주간, 월간 PDCA 사이클

하루 PDCA 사이클을 1, 2주 기록하다 보면 이 과정에 점차 익숙해지게 된다. PDCA 사이클은 다이어리의 가장 기본적인 틀이라고 할 수 있다. 주간, 월간 다이어리 기록 또한 이 내용을 기본으로 반복하면 된다.

매일 다이어리에 착실히 적어 내려간 PDCA 사이클은 주간, 월간 PDCA 사이클의 기초가 된다. 물론 주간, 월간 PDCA 사이클은 하루 사이클과는 다소 차이가 있다. 기간이 길어질수록 좀 더 장기적인 고민과 계획이 필요하기 때문이다.

| 목표를 수량화하라

주간 계획은 매주 주말 저녁에, 그리고 월간 계획은 매달 말 시간을 정해 세우는 것이 적절하다. 계획은 업무 계획, 운동 계획, 학습 계획 등 몇 개의 큰 덩어리로 나눌 수 있다. 만일 다이어트 계획, 변호사 자격시험 준비 계획 등 특별히 정한 목표가 있다면 별도의 덩어리로 따로 떼어놓는다.

주간, 월간 PDCA의 계획 단계는 하루 계획을 세울 때와 동일하다.

- 1단계: 할 일 작성하기
- 2단계: 예상 소요 시간 계산하기

- 3단계: 할 일 선택하기

- 4단계: 할 일 분할하기

이때 가장 효과적인 방법은 목표를 수량화하는 것이다. 그러면 하루 계획으로 나누는 일도 가능해진다.

예컨대 이번 주 안에 기획서 두 개를 완성할 계획이라고 하자. 기획서는 각각 15장으로 총 30장을 작성해야 하며, 예상 소요 시간은 열 시간이다. 이런 경우 총 30장의 업무량을 5일 근무일로 나누면 매일 완수해야 하는 작업량이 여섯 장, 두 시간으로 정해진다.

만약 매일 기획서를 작성하기가 싫다면 3일 안에 완성하도록 계획을 세울 수 있다. 3일 동안 매일 열 장씩 3.3시간을 작성하는 것이다. 월간 계획역시 마찬가지다. 이번 달에 총 400페이지에 달하는 책 한 권을 읽을 계획이라면 매주 100페이지, 하루에 20페이지로 나누어 읽을 수 있다.

목표를 수량화하면 실행하기 편하다는 장점 외에도, 그때그때 진도에 맞춰 일정을 적절히 조정할 수 있어 좋다. 예컨대 이번 달 안에 400페이지의 책을 독파할 계획이었는데 처음 2주 동안 업무가 너무 바빠서 100페이지밖에 읽지 못했다면 이미 계획한 진도보다 한참 뒤떨어지기에 나머지 2주 동안은 책을 읽는 데 더 많은 시간을 투자해야만 계획한 목표를 달성할 수 있다.

| 주간, 월간 단위로 되돌아보는 시간을 가져라

매일 평가와 개선을 충실히 수행했다면 주간, 월간 계획의 실행 역시 그다지 어렵지 않을 것이다. 이제 우리가 할 일은 그 내용을 총정리 하는 것이다.

기간이 비교적 길다 보니 돌아보면 그중 어떤 부분이 중요한지 더 쉽게 알 수 있다. 그날 하루 반성할 때에는 중요하다고 생각했던 일이 한 주를 반성하다 보면 그다지 중요하지 않게 여겨지는 경우도 더러 있다. 그런 부분은 당연히 삭제해야 한다. 반대로 어떤 일이 내 삶에 큰 영향을 주었다고 생각한다면 주간 반성과 개선 방안에서도 마땅히 등장해야 한다.

기간이 하루에서 한 달로 늘어나면 문제는 더욱 집중적으로 드러나기 마련이다. 더 높은 위치에서 나의 문제점과 학습 내용, 그리고 개선 여부를 자세히 살펴볼 수 있다. 이와 동시에 그 전주, 그 전달 계획과 비교하면서 이번 주와 이번 달에 꿈을 향해 올바로 나아갔는지, 방향이 틀리지는 않았는지도 확인이 가능하다.

○

중요한 일을 위해 충분히 준비하라

나는 종이를 마음대로 뺐다 꼈다 할 수 있는 다이어리를 사용하며, 각각의 내용마다 다른 색깔의 라벨지를 사용해 구분한다. 하루와 주간 계획 외에

(월간 계획은 컴퓨터에 기록한다) 별도의 라벨지를 붙여 관리하는 또 하나의 핵심 부분은 '중요한 일' 항목이다.

20세기의 대표적인 경영학자 피터 드러커가 언급한, 뛰어난 지도자가 갖춰야 할 자질 가운데 하나가 바로 '중요한 일이 무엇인지 아는 능력'이다. 가장 중요한 일부터 먼저 처리해야 한다는 건 이미 모두 알고 있는 사실이다. 나에게 이 라벨은 무엇이 가장 중요한지 일깨워주는 의미 외에도 '중요한 일을 위해 충분한 준비를 해야 한다'는 메시지를 전달한다.

유명한 '80 대 20 법칙'에 대해 들어본 적이 있을 것이다. 20퍼센트의 고객이 전체 매출의 80퍼센트를 소비하며, 20퍼센트의 일이 전체 성과물의 80퍼센트를 이루어내는 현상을 가리키는 말이다. 20퍼센트의 중요한 일을 찾아냈다면 그다음 할 일은 이 20퍼센트가 80퍼센트의 효과를 발휘하도록 보장해주는 것이다. 다시 말해 더 많은 시간을 투자하고 더 심혈을 기울여 준비해야 한다.

이렇게 한번 가정해보자. 이번 주 금요일에 굉장히 중요한 회의가 예정되어 있다. 회의 때 당신은 지금 소속된 자회사를 대표해 그룹 회장 앞에서 올해의 연간 업무 보고를 해야 한다. 업무 보고를 멋지게 해낼 경우 당신이 소속된 자회사가 그룹 중진들의 지지를 받게 되면서 내년에는 훨씬 더 많은 경제적, 물질적 지원을 보장받을 수 있다. 게다가 이번 기회에 그룹 회장에게 좋은 인상을 남긴다면 앞으로 회사 생활이 가시밭길에서 꽃길로 바뀔 수 있다. 다시 말해 20퍼센트의 중요한 일로 전체 성과의 80퍼센트를 올릴 수 있는 상황이다. 이런 상황이라면 당신은 어떻게 하겠는가?

A : 연간 업무 보고서를 대충 작성해놓고, 처리해야 할 다른 업무에 열을 올린다. 그러다 금요일이 되면 회의 시간에 딱 맞춰 회의 장소에 도착해 연간 업무 보고 발표를 한다.

B : 중요도가 떨어지는 일은 잠시 미뤄두고, 금요일 회의 준비에 총력을 기울인다. 세심하게 내용을 다듬고 정성껏 도표를 편집한 후 세 차례 이상 교정을 본다. 미리 회사 내에서 세 번에 걸쳐 발표 리허설을 한 후 동료들의 의견을 경청한다. 동시에 회장의 예상 질문 리스트를 작성하고 가장 적절한 답을 준비한다. 업무 보고 발표 당일, 격식 있고 점잖은 옷차림을 갖추고 회의 시간보다 미리 도착해 발표에 쓰일 장비를 점검한다. 미리 에어컨을 가동해 회의 참석자들을 위한 쾌적한 환경을 조성한 후 회의실 밖에서 동료와 함께 그룹 회장을 기다렸다가 직접 맞이한다.

A와 B, 둘 중 누가 그룹 회장의 호감을 살 것인지는 말하지 않아도 알 것이다.

나는 중요한 사업 파트너와 협상을 앞두고 있을 때면 그 어느 때보다 준비 작업에 총력을 기울인다. 예상되는 주요 협상 안건과 상대의 요구 사항 및 그에 대한 나의 대응 방안까지 일일이 다이어리의 '중요한 일' 항목에 꼼꼼히 기록한다. 가끔은 회사 동료나 가족을 상대로 몇 차례 연습도 한다. 이렇게 충분히 준비한 효과는 협상 성공률의 대대적인 상승으로 나타난다.

다이어리에 '중요한 일' 항목을 따로 만들어 관리하는 일은 무척 중요하다. 먼저 맨 위에 가장 중요하게 생각하는 일을 빨간색 펜으로 적고 그 아래에 충분한 공간을 확보해두고 이후 준비 내용을 하나씩 기록해보자.

○
매 순간 나의 성장을 기록하라

어린 시절, 매년 설날이 되면 엄마는 나를 문틀 옆에 세워두고는 작은 칼로 내 키에 맞춰 선 하나를 깊숙이 새기면서 그 옆에 날짜를 기록하곤 했다. 지금 이 문틀은 나의 성장 기록이 담긴 소중한 흔적이다. 어느 해인가 10센티미터 이상 자란 적이 있다. 그해에 새긴 선은 그 전해와 달리 차이가 크게 났는데 그것을 지켜보며 매우 뿌듯해했던 기억이 있다.

그때 문틀에 새겨 넣은 선이 나의 신체적 변화를 기록하듯, 다이어리 역시 나의 정신적 성장을 기록하는 역할을 한다. 다이어리에 단순히 회의 시간이나 쇼핑 목록을 기록하는 것이 아니라 매일 계획한 일의 진행 상황과 그날에 대한 평가 및 학습 내용을 기록할 때 다이어리는 우리의 진정한 성장 기록이 된다.

3년간 다이어리를 사용한 결과, 눈에 띄는 변화가 많이 일어났다. 먼저 시간에 대한 제어 능력이 크게 향상되었다. 이전에도 매일 업무 계획을 세우기는 했지만 예상 소요 시간도 기록하지 않고, 평가나 개선 내용도 빠져 있다 보니 계획의 30퍼센트 정도만 완수하는 수준이었다. 근본적인 원인은 계획 내용이 실제 상황을 충분히 반영하지 못한 것과 피드백 및 개선 방법이 충분하지 않은 데 있었다. 그 뒤로 점점 발전을 거듭한 결과, 지금은 비교적 합리적으로 업무 계획을 세우는 동시에 휴식 시간도 충분히 남겨둘 줄 알게 되었다. 또 중요한 일부터 우선적으로 처리하면서 업무 효율 또한 크게 높아졌다.

다음으로 미루기 병을 비롯한 나쁜 습관들이 상당수 개선되었다. 매일 다이어리를 통해 평가와 반성의 시간을 가진 결과, 나의 문제가 무엇인지 확실히 알게 되었고 독서 등을 통해 다양한 개선 방안을 배워나갔다. 그리고 여러 차례의 시행착오 끝에 나에게 가장 적합한 방법을 찾아냈다.

마지막으로 하루하루를 좀 더 보람차게 보내게 되었다. 사실 예전에는 항상 계획을 세우고 그대로 실천하면서 사는 사람들을 '강박증' 환자라며 비웃기도 했다. 그들은 자유도, 낭만도 모른다고 생각했고 때론 그 모습이 무서워 보이기까지 했다. 하지만 지금은 그렇게 생각하지 않는다. 계획을 잘 세우고 지키는 사람들이 오히려 한가롭게 보내는 시간도 많다는 사실을 알게 되었다.

나는 하루의 계획을 총 여섯 시간을 초과하지 않게 세운다. 돌발적인 사건이 꽤 많이 일어나기 때문이다. 간혹 업무 효율이 높아서 한가한 틈이 생기면 그 시간에 책도 보고 인터넷도 한다. 그리고 퇴근 후에는 특별한 경우가 아니면 대부분 가족과 함께 시간을 보내거나 나만의 시간을 갖는다. 이렇게 다이어리는 매 순간 나의 성장을 기록하며, 내가 꿈을 향해 전진하도록 돕고 있다.

7 장

30 전
나를 바꾸고,
30부터
세상을 바꿔라

폭풍우가 지나간 새벽, 작은 물고기들이 해변 모래사장에 그대로 남아 있었다. 아주 가까운 거리에 바다가 있지만 돌아갈 수 없었다. 이때 한 사내아이가 부드러운 모래사장을 분주히 오가며 작은 물고기들을 한 마리씩 바다로 돌려보내고 있었다. 그 모습을 지켜보던 한 사람이 아이에게 물었다.

"여기 물고기가 이렇게 많이 있는데 그런 식으로 해서 전부 돌려보낼 수 있을까? 누가 이런 데 신경이나 쓰겠니?"

그러자 사내아이가 바쁜 발걸음을 멈추지 않고 계속 물고기를 옮기면서 이렇게 대답했다.

"그건 저도 알아요. 하지만 제 손 안에 있는 이 물고기는 분명 신경 쓸 거예요. 저 물고기도요, 또 저기 저 물고기도요."

우리 역시 이 사내아이처럼 세상을 완벽하게 변화시킬 수는 없다. 하지만 우리 손으로 작은 물고기 한 마리의 운명을 바꿀 수 있다면 그것이 바로 우리가 세상을 바꾸는 방식인 것이다. 서른 살 이전에 더 나은 나로 변해가기 위해 노력했다면 서른 살부터는 세상을 바꾸는 일에 좀 더 많은 시간과 노력을 들여보는 건 어떨까? 우리는 나를 변화시키는 동시에 다른 사람을 도움으로써 세상을 변화시킬 수 있다.

30부터는
세상으로 눈을 돌려라

● 　나는 지난 7년간 NGO 단체를 꾸준히 이끌며 전국적으로 큰 영향력을 지니는 단체로 성장시켰다. 나처럼 NGO 단체를 설립하지는 못하더라도 다양한 NGO 활동에 참여해 도움이 필요한 이들을 지원한다면 분명 그전과는 다른 삶의 더 큰 의미를 발견할 수 있을 것이다.

"기업이 '이윤'을 추구한다면 NGO는 '명성'을 추구한다."

내가 입버릇처럼 하는 말이다. 여기서 명성이란 '사회적 영향력'을 의미한다. 환경보호를 부르짖는 NGO든 특수한 집단의 필요에 관심을 갖는 NGO든, 많은 사람들에게 영향력을 행사하고 도움을 주고자 한다는 점에서는 동일하다.

내가 개인적으로 감탄한 NGO 모델로 '1킬로그램만 더 짊어지기(1kg

More)'라는 공익 활동이 있다. 여행을 갈 때 1킬로그램에 해당하는 책이나 공책, 문구류를 가방에 넣어가서 빈곤지역에 들러 그곳 아이들에게 나누어 주고 교류하는 활동이다. 이는 누구나 쉽고 간단하게 실천해볼 수 있는 활동이다. 최근 아웃도어 스포츠를 즐기는 젊은이들도 늘어나고 있고, 1킬로그램의 문구류는 그다지 부담스러운 무게도 아니며, 여행과 동시에 자선활동에도 참여할 수 있다는 장점을 가지고 있다.

또 '핑크리본'이라는 유방암 퇴치 캠페인을 벌이는 NGO 단체도 있다. 패션 잡지에서 처음 시작한 캠페인이다 보니 홍보 방식이 무척 독특하고 재미있었다. '조기 예방, 조기 발견, 조기 치료'라는 유방암 퇴치 슬로건을 홍보하기 위해 많은 여성 연예인들을 전라 상태로 잡지 표지에 등장시켰다. 이 같은 광고가 사람들의 이목을 집중시키는 데 성공하면서 핑크리본 캠페인은 매우 쉽게 퍼져나갔다. 이 캠페인은 궁극적으로 건강하고 아름다운 삶에 대한 바람을 의미하면서 갈수록 많은 사람들이 동참하고 있다.

NGO 활동은 자신의 일이나 일상에 큰 부담을 주지 않으면서 가볍고 유쾌하게 시도해볼 수 있다. NGO 활동에 참가하기 위해 나의 수입이나 여가 시간 등 많은 것을 희생하기는 힘들다. 이는 누구나 마찬가지다. 매주 30분 정도만 시간을 내 친구도 사귀고 즐거운 시간도 보내면서 사회적으로 의미 있는 활동도 한다면 인생을 보다 더 알차게 살아갈 수 있을 것이다.

이상은 높게,
실행은 현실적으로!

NGO 관련 글을 쓰면서 많은 사람들이 나에게 관심을 보이기 시작했다. 그들과 커뮤니케이션 하고 피드백을 주고받는 과정에서 나 역시 많은 것을 배울 수 있었다. 대부분 이 분야에 관심과 흥미는 많지만 이해 수준은 그리 높지 않았다. 사람들은 대체로 다음과 같은 두 가지 반응을 보였다.

"NGO에서 일하다니 훌륭합니다. 당신을 응원합니다!"

"NGO의 기본 정신은 훌륭하지만, 제가 아는 NGO 단체가 몇 군데 있는데 다들 미래가 암울합니다. 심지어 돈 세탁 도구로 이용되는 경우도 적지 않습니다."

이 중 두 번째 반응에 나는 굉장히 놀랐다. 매사 어두운 이면에 대한 사람들의 반감은 어느 정도 이해하지만, 만일 NGO마저 그렇게 생각한다면 다른 업종들은 대체 어떠하다는 말인가. 물론 일부 부정적인 뉴스가 보도되면서 사람들이 NGO에 대해 이런저런 의문점을 가지는 건 극히 정상적인 현상이다.

어떤 이들은 현재 NGO가 지나치게 상업화되었기에 다시 순수성을 되찾아야 한다고도 말한다. 어떻게 보면 완전히 틀린 말은 아니다. 지나치게 상업화될 경우 이익집단에 의해 좌지우지될 가능성이 높기 때문이다. 자금을 대는 후원자 입장에서는 당연히 원하는 바가 있을 수밖에 없기에 그 중간에서 중심을 잡기란 쉽지 않은 일이다.

한편 수많은 소규모 NGO 단체가 우선적으로 해결해야 할 문제는 일단 살아남는 것이다. 만약 적절한 상업 활동과 상업적 후원을 이끌어내지 못한다면, 초기부터 이상에만 사로잡혀 있다면 아마도 그 조직은 오래 생존하기 어려울 것이며 많은 이들을 돕는 건 그저 헛된 꿈으로 끝날 가능성이 높다. 따라서 NGO 창설자들은 숭고한 이상과 더불어 현실적인 태도까지 겸비한 사람들이 대부분이다.

NGO의 모토는 '이상은 높게, 실행은 현실적으로'이다. 둘 중 어느 것도 빼놓을 수 없다. 높은 이상이 지탱해주지 않는다면 돈도 없고 사람도 없는 힘든 초기 단계를 버텨낼 수 없다. 이상이 없다면 NGO의 존재 자체가 근본적으로 불가능하다. 동시에 현실적인 태도를 지니지 못한다면 살아남을 수 없다.

NGO와 마찬가지로 우리의 인생에서도 이상은 높게, 실행은 현실적으로 하도록 노력해야 한다. 이상을 높게 갖지 않는다면, 또 실제로 실행하지 않는다면 오랜 세월 바라던 꿈은 그저 헛된 망상으로 끝나버릴 것이다.

나도 인재 소리
들을 수 있다

많은 이들이 NGO에 흥미를 가지고 있지만 아직 첫발을 떼지 못하고 있다. 그렇다면 대체 어떤 유형의 사람이 NGO에 적합할까? 정답은 없다. 단지 그동안 많은 NGO 지원자들을 만나고 NGO 전문 인력을 관찰한 바에 의하면 일반 회사 사람들과 조금 다른 특징을 지니고 있는 것만은 사실이다.

사회가 기대하는 보편적 능력

먼저 사회가 기대하는 보편적 능력에 대해 이야기해보겠다. 이는 NGO뿐만 아니라 어떤 업종에서나 필요한 능력이다.

| 태도가 모든 것을 결정한다

"태도가 모든 것을 결정한다"는 말은 중국 전 축구 국가대표팀 감독 보라 밀루티노비치가 처음 한 것으로 알려져 있다. 당시에는 이 말이 그다지 가슴에 와 닿지 않았다. 하지만 커리어가 점점 쌓일수록 정말 옳은 말이라고 느껴졌다.

'천재가 되는 1만 시간의 법칙'에 대해 들어본 적이 있을 것이다. 이 세상에서 열심히 노력하지 않는 천재는 없다고 한다. 희대의 천재 음악가 모차르트도 마찬가지였다. 다른 사람보다 더 많이 노력하고, 더 충실히 준비해야만 부족하게 타고난 부분과 경험의 결핍을 보완할 수 있다. 그 일을 얼마나 중요하게 생각하는지, 그 일을 위해 얼마나 노력했는지가 그 일에 종사할 능력이 있는지 없는지를 상당 부분 결정한다.

| 결과 지향적 리더십

대학 시절, 학교 선배가 유명 투자은행에서 면접 본 이야기를 들려주었다.

면접관이 선배의 특정 경험을 거론하면서 그 경험이 어떤 가치가 있는지 물었다.

"그 과정을 통해 제가 배운 점은……."

선배가 이렇게 대답하자 면접관이 갑자기 말을 끊더니 이렇게 이야기했다.

"우리 회사는 결과 지향적 리더십을 원합니다. 그 과정에서 아무리 훌륭한 가르침을 받았다고 해도 결국 목표에 도달하지 못했다면 아무 의미가 없습니다."

　이 이야기에 나는 깊은 인상을 받았다. 이후 사회에 나와 일을 하면서, 특히 직접 창업을 하면서 이 말에 담긴 의미를 더욱 깊이 이해하게 되었다. 기업이든 NGO이든, 정상적으로 운영되는 조직이라면 결과를 지향하는 건 당연하다. 회사에서는 우리가 몸이 안 좋거나 마음이 편치 않다는 이유로 영업 실적이 목표치에 도달하지 못한 것을 용납하지 않는다. 눈이나 비 때문이라는 이유로 지각을 눈감아주고 개근수당을 지급하지도 않는다. 결과를 내지 않고서는 그 어떤 핑계도 대지 말아야 한다.

○

NGO 인재들의 특징

이번에는 NGO 인재들에게 특징적으로 나타나는 능력에 대해 이야기해보겠다. NGO에 종사하는 사람들은 확실히 그들만의 특징을 지니고 있다. NGO 활동에 참여하고 싶다면 다음의 두 가지를 명심하는 것이 좋다.

| 온화하고 친절한 성품

　일반 기업에서도 온화하고 친절한 성격은 중요하지만 필수 요건은 아니다. 특히 전문성과 기술성이 강조되는 분야에서는 다른 사람과 소통하고 교류하는 데 굳이 능숙할 필요가 없다.

일반적으로 NGO 단체는 규모가 크지 않기에 한 사람이 여러 가지 일을 맡아서 해야 하는 경우가 많다. 게다가 외부와 협력해서 진행해야 하는 업무가 많기에 다양한 사람을 수시로 만나고 상대해야 한다. 그런데 만일 NGO에서 일하는 사람이 성격도 괴팍하고 남과 말하기도 좋아하지 않으며, 주변 사람을 기분 좋게 만드는 미소와 따스함과도 거리가 멀다면 조직 내에서 발붙일 곳이 없는 것은 물론 스스로도 견디기 힘들 것이다.

| 창의성

NGO 종사자들에게는 급속도로 변화하는 사회 환경 속에서 어떻게 창의성을 발휘해 기회를 잡을지가 가장 큰 숙제다. 과거 나도 동참한 적이 있는 공익 단체의 '등대 프로젝트'에서는 대학생들의 여름방학을 효과적으로 활용해 산간벽지의 낙후된 교육 현실을 개선했다. 농촌 교육에 관심을 갖고 있는 또 다른 공익 단체의 '빨간 분필 프로젝트'의 경우 상품의 브랜드와 언론 매체의 힘을 빌려 기업 인사들이 농촌 교육 공익 활동에 참여할 기회를 마련하기도 했다.

NGO의 환경은 열악하다. 참고할 만한 모델도 거의 없다. 그렇기에 더욱더 구성원 스스로 이루고자 하는 결과부터 출발해 다양하고 참신한 방법과 도구를 발굴해내야 한다.

장벽은 뛰어넘으라고
있는 것이다

●　　　NGO 활동을 하기는 결코 쉽지 않다. 나는 어떻게 그 많은 난관을 극복할 수 있었는지 묻는 편지를 자주 받는다. 바로 다음과 같은 내용이다.

궁금한 점이 한 가지 있습니다. NGO를 운영하면서 뜻대로 되지 않거나, 곤경에 처하거나, 누구에게도 물어볼 수 없는 난처한 상황에 놓인 적이 있습니까? 그럴 때에는 어떻게 해결하십니까?

그러면 나는 이런 답장을 보낸다.

질문에 답하기 전에 먼저 저의 가치관에 관해 잠깐 이야기하겠습니다. 저는 첫눈에 반하는 사랑이나 갑작스러운 깨달음, 하루아침에 부자가 되는 일은 믿지 않습니다. 그보다는 꾸준한 양적 증가가 결국 커다란 질적 변화를 가져 온다는 사실을 더욱 신뢰하는 편입니다. 다시 말해 어떤 상태와 또 다른 상태 간에 엄청난 격차가 존재한다고 생각하지 않습니다. 다리를 쭉 뻗기만 하면 언제나 다른 쪽에 닿을 수 있다고 믿습니다. 인생은 길고 긴, 연속된 과정입 니다. '나선식 상승'과 '파상적 전진'을 믿으며, 1만 시간의 연습이 천재를 만 든다는 진리를 굳게 믿습니다.

이런 질문을 하는 이들은 대부분 NGO를 운영하는 최상의 방법이 존재 할 거라고 생각한다. 혹은 탁월한 능력이 타고났거나 든든한 배경, 유명한 스승의 가르침, 그것도 아니면 명문학교의 수업이 필요하다고 여긴다. 어쨌 든 만능열쇠가 존재하고 그것을 지니기만 하면 어떤 문이든 열 수 있다고 보는 것이다.

사실 NGO에서 일하는 사람들(임시 자원봉사자가 아닌 정규 직원)이 맞닥뜨 리는 문제는 일반 회사 직원들과 크게 다르지 않다. 때론 무료하고 따분한 일도 있고, 반복적인 업무도 상당히 많다.

예전에 내가 NGO를 운영하기 시작하고 채용했던 첫 번째 직원이 맨 처 음 담당한 일은, 36도가 넘는 무더운 여름날 새 사무실 근처를 돌며 근처에 배달되는 음식점이 있는지 파악하는 것이었다. 당연히 힘들고 재미없는 일 이었다. 그리고 NGO 운영자로서 엄청난 자부심을 가지고 있던 내가 한 일은, 일단 정식으로 단체 등록을 하고 사무실 인테리어를 위해 가구와 장식품, 페인트까지 전부 고르는 일이었다. 청소 업체도 내가 골랐는데 그전까지 사무실 청소는 내 몫이었다. 사람을 불러 인터넷도 설치하고 재무 관리도 내가 하고, 인사 업무도 내가 봤다.

어려운 상황에 처했을 때 어떻게 해결했는지 묻는 이들이 기대하는 건 대부분 크고 중대한 문제에 관한 나의 답변이다. 예컨대 NGO의 열악한 생존 환경이나 자금 원천 등의 어려움을 어찌어찌해서 일사천리로 해결했는지 궁금해하는 식이다. 그런데 사실 나는 그렇게 엄청난 문제는 단번에 해결하지 못하며 그저 계속 노력할 뿐이다. 마치 무더운 여름날 꽁꽁 언 아이스크림을 먹을 때와 같은 이치다. 처음에는 아이스크림이 너무 딱딱하게 얼어 있어서 스푼으로 파도 아주 얇게만 떠진다. 그런데 점차 시간이 흐르면서 내 손의 온도와 밖의 온도가 함께 작용하면서 아이스크림이 자연스럽게 녹게 된다. NGO 일도 이와 마찬가지다. 현실은 결코 만만치 않지만 우리가 손으로 녹이고 외부 환경이 계속 변화하다 보면 언젠가 그 결실을 맛볼 수 있다.

회사도 세워보고 작은 가게도 열어봤던 창업 선배로서 NGO와 회사의 창립은 큰 차이가 없다고 자신 있게 말할 수 있다. 자금 조달이 어려운지 궁금하다고? 당연히 어렵다. 아무리 가진 게 많은 사람이라도 그 주머니에서 돈을 꺼내게 만드는 건 하늘의 별 따기만큼 힘들다. 하지만 자금 조달이 어렵다고 호소하는 NGO들 대부분이 은행 대출부의 눈치를 본 경험조차 없을 것이다. 정부의 규제가 엄격하냐고? 당연하다. 하지만 그렇다 해도 민영기업들이 겪는 수준과 비슷한 정도다.

아무리 어렵고 힘든 일이 산적해 있다 해도 하나씩 해결해나가면 된다. 이게 바로 NGO의 매력이다. NGO 일에는 어떤 변명도 있을 수 없다. 이 일을 하루 한다는 건 그날 발생하는 모든 문제를 해결해야 한다는 뜻이다. 한 가지 문제를 해결하면 뒤이어 더 많은 문제가 쏟아져나온다. 두렵다고? 그런 게 바로 인생 아니겠는가.

췌장암으로 시한부 인생을 선고받은 랜디 포시 교수는 《마지막 강의》에서 다음과 같이 말했다.

"꿈을 향해 나아가다 보면 장벽이 앞을 가로막는 순간이 자주 찾아옵니다. 하지만 이 장벽이 막을 수 있는 사람은 진심으로 꿈을 믿지 않는 사람뿐입니다. 장벽의 의미는 그 뒤에 있는 꿈이 우리가 노력을 통해 쟁취할 만한 가치가 있다는 사실을 알려주는 데 있습니다. 그 뒤에 있는 보물, 나의 꿈을 얼마나 절실히 원하는지 장벽은 우리에게 증명해보라고 말하고 있습니다."

꿈을 향해 나아가는 길 중간중간에 장벽이 존재하는 이유는 우리가 그것을 뛰어넘게 만들기 위해서다.

30전에 나를 바꾸고 30부터 세상을 바꿔라

1판 1쇄 인쇄 2020년 3월 10일
1판 1쇄 발행 2020년 3월 27일

지은이 수이메이우위
옮긴이 이지희
펴낸이 여종욱

책임편집 권영선
디 자 인 다성

펴낸곳 도서출판 이터
등 록 2016년 11월 8일 제2016-000148호
주 소 인천시 중구 은하수로229 영종 한신더휴 스카이파크
전 화 032-746-7213 **팩 스** 032-751-7214 **이메일** nuri7213@nate.com

ISBN 979-11-89436-12-4 (03190)

이 도서의 국립중앙도서관 출판시도서목록(CIP)은 e-CIP 홈페이지
(http://www.nl.go.kr/cip.php)에서 이용하실 수 있습니다. (CIP제어번호:2020007692)

값은 뒤표지에 있습니다.
잘못 만들어진 책은 구입처에서 교환해 드립니다.